शिव महिमा

नमिता गोखले

अनुवाद
अशोक कुमार

पेंगुइन बुक्स
पेंगुइन रैंडम हाउस इम्प्रिंट

पेंगुइन बुक्स

यूएसए | कनाडा | यूके | आयरलैंड | ऑस्ट्रेलिया | सिंगापुर
न्यू ज़ीलैंड | भारत | दक्षिण अफ्रीका | चीन

पेंगुइन बुक्स, पेंगुइन रैंडम हाउस ग्रुप ऑफ कम्पनीज़ का हिस्सा है
जिसका पता global.penguinrandomhouse.com पर मिलेगा

पेंगुइन रैंडम हाउस इंडिया प्रा. लि.,
चौथी मंजिल, कैपिटल टावर -1, एम जी रोड,
गुड़गांव-122002, हरियाणा, भारत

पेंगुइन
रैंडम हाउस
इंडिया

अंग्रेज़ी का प्रथम संस्करण : पेंगुइन बुक्स इंडिया, वाइकिंग, 2001
हिंदी का प्रथम संस्करण : पेंगुइन बुक्स इंडिया, यात्रा बुक्स, 2005

कॉपीराइट © नमिता गोखले 2001, 2005

चित्रांकन कॉपीराइट © पेंगुइन बुक्स 2001, 2005

चित्रांकन: अमिताभ

सर्वाधिकार सुरक्षित

10 9 8 7 6 5 4 3 2

ISBN 9780144001460

टाइपसेट: आकृति प्रिंटोग्राफिक्स, नई दिल्ली
मुद्रक:रेप्रो इंडिया लिमिटेड

www.penguin.co.in

MIX
Paper from
responsible sources
FSC® C047271

पर्वत की बेटियों
मेरु और शिवानी के लिए

शिव महिमा

नमिता गोखले की रचनाओं में *पारो: ड्रीम्स ऑफ़ पैशन; गॉड्स, ग्रेव्ज़ एंड ग्रैंडमदर; अ हिमालयन लव स्टोरी* और *द बुक ऑफ़ शैडोज़* उल्लेखनीय हैं। ये दिल्ली में रहती हैं और स्थानीय शीर्षस्थ समाचारपत्रों और कतिपय पत्रिकाओं के लिए नियमित रूप से लिखती रहती हैं।

अशोक कुमार कई वर्ष से अनुवाद-कार्य से जुड़े रहे हैं। इन्होंने प्रभात प्रकाशन तथा दिल्ली प्रेस के साथ ही फ़ोर्टिस अस्पताल के स्वास्थ्य संबंधी लेखों का अनुवाद किया है। वे गंधर्व महाविद्यालय, नई दिल्ली से विशारद कर रहे हैं।

विषय

प्रस्तावना   1

शिव के रूप   13

महाकाल   21

शिव-तांडव   27

शिव-शक्ति   31

शिव-परिवार   41

नीलकंठ   51

लोकप्रिय धर्मकथाएं   57

भोगी और योगी   65

दारुवन में शिव   75

शिव-पूजा   85

बारह ज्योतिर्लिंग   93

शिव चेतना   105

सत्यम् शिवम् सुंदरम्   113

शिव-गीत   121

संदर्भ स्रोत   125

प्रस्तावना

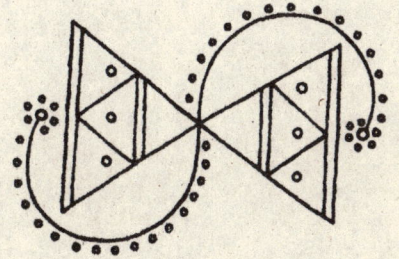

शिव के 1008 नाम हैं जो उनके गुणों का वर्णन करते हैं। इन नामों का जाप करने से निश्चय ही उनकी कृपा प्राप्त होती है। इन नामों के अर्थ के पीछे जो विस्तार, विविधता एवं विपरीत स्थायित्व है वह वास्तव में इनके स्वभाव की अज्ञेयता (न जाना जा सकने वाला) को प्रकट करते हैं। आइए इनमें से 108 नामों के आह्वान से शुभारंभ करें।

अचलेश्वरः स्थिर भगवान, कृतसंकल्प, **आदिनाथः** आदिकाल से सबके स्वामी; **अघोरः** मन प्रसन्न करने वाले, भय रहित, **अजः** जो अभिव्यक्त न हो, **अज-एकपादः** एक पैर वाले स्वामी; **अजगंधीः** बकरे की सी गंध वाले; **अक्रूरः** दयालु प्रभु; **अंधकेश्वरः** अंधेरा दूर करने वाले; **अंतकः** अंत करने वाले; **अपांनिधिः** जल (वीर्य) के देवता; **अर्द्धनारीः** आधी स्त्री, **अशनिः** वज्र; **आशुतोषः** शीघ्र प्रसन्न होने वाले, **अवधूतः** दिगंबर योगी; **बालेश्वरः** लंबे बालों वाले, शक्तिशाली; **बासवः** बैल; **भैरवः** शीघ्र रुष्ट हो जाने वाले देव, **भस्मेश्वरः** भभूत रमाए हुए; **भवः** अस्तित्त्व; **भिक्षाटनः** दिव्य भिक्षु; **भीमः** शक्तिमान; **भीष्मः** भयानक, कठोर; **भोलाः** सरल, छल रहित, **भूतपतिः** भूतों के देवता; **भूतेश्वरः** तत्त्वों के देवता, **भुवनेशः** विश्व के देवता; **बिल्व-दंडीः** बिल्व पत्र धारण करने वाले; **चंद्रचूडः** माथे पर चंद्रमा धारण करने वाले; **दक्षिणेश्वरः** दक्षिण की ओर मुख किए हुए; **डमरूधारीः** डमरू धारण किए हुए; **एकव्रत्यः** एक व्रत का पालन करने वाले, **गजांतकः** गजासुर को मारने वाले; **गंभीरेशः** कठोर तप करने वाला योगी; **गणपतिः** गणों के देवता; **गंगाधरः** गंगा नदी धारण करने वाले, **घोरः** भयंकर, **गिरिशः** पर्वतों के देवता, **गृहपतिः** गृहस्वामी; **गुहेश्वरः** गुफाओं

के देवता, रहस्यमय, **हरः** हरण करने वाले, छीन लेने वाले, सम्मोहित करने वाले; **हिरण्यरेतसः** सुवर्ण का देवता; **ईशानः** स्वामी; **ईश्वरः** भगवान; **जंबुकेश्वरः** जंबुद्वीप (भारत) के देवता, **जटेश्वरः** जटाजूट वाले भगवान; **जीमूतवाहनः** बादलों की सवारी करने वाले, **ज्वरेश्वरः** ज्वर (बुखार) के देवता; **कालेश्वरः** समय के देवता; **कमंडलुधारीः** कमंडल को धारण करने वाले; **कामनाशीः** वासना का अंत करने वाले, **कपालिनः** नरमुंड को धारण करने वाले, **कपर्दिनः** शंख के आकार की जटा धारण करने वाले; **कर्पूर-गौरांगः** कपूर जैसे श्वेत; **केदारः** पर्वतों के देवता; **किरातः** जनजातीय, **कृत्तिवासः** पशुओं की खाल पहनने वाले; **लकुलिशाः** दंड धारण करने वाले; **महाबलेश्वरः** शर्वशक्ति संपन्न; **महादेवः** महान देवता; **महर्षिः** महान ऋषि; **महेशः** महान ईश्वर; **मैथुनेश्वरः** मैथुन (रति क्रिया) के देवता; **मनीषः** मन को जीत लेने वाले, **मारुतः** तेज़ हवा, तूफान; **नागेश्वरः** नागों के देवता; **नग्नव्रतधारीः** नग्न योगी; **नटराजः** नृत्य-नाटक के देवता; **नीलकंठः** नीले कंठ वाले; **ओंकारनाथः** गूढ़ शब्द 'ओम्' के देवता; **पाशायः** पाशों (बंधनों) के देवता; **पशुपतिः** पाश के देवता; **पावकः** आग; **पुरुषः** विश्वात्मा, आदिम पुरुष; **रुद्रः** भयंकर, गर्जना करने वाला, **सद्ज्योतः** शाश्वत प्रकाशमान, **शैलेशः** पर्वतों के ईश्वर; **संहारीः** संहार करने वाले; **शर्वः** धनुर्धर; **शंभुः** कृपालु; **शंकरः** दयालु; **शरभः** फतिंगा; **शिखंडीः** मोरपंखों वाले देवता; **सिद्धार्थः** सिद्ध या पारंगत; **सोमसुंदरः** चंद्रमा की तरह सुंदर; **सोमनाथः** स्वास्थ्यप्रद बूटी सोम के देवता; **स्थानुः** महान स्तंभ, अडिग; **सुंदरमूर्तिः** आकर्षक काया वाले; **स्वश्वः** कुत्तों के स्वामी; **तमसोपतिः** जड़त्व, अंधेरे, निष्क्रियता के स्वामी; **तेजोमयः** प्रकाशमान, **त्रिलोचनः** तीन

आंखों वाले; **त्रिपुरंतकः** दानवों के नगरों को नष्ट करने वाले; **त्रिशूलधारीः** त्रिशूल धारण करने वाले; **उग्रः** प्रचंड; **उमापति** उमा अर्थात पार्वती के पति; **ऊर्ध्वलिंगः** खड़े लिंग वाले (जैविक बल से युक्त); **वैद्यनाथः** चिकित्सकों के स्वामी; **वामदेवः** वाममार्गियों (तांत्रिक) के देवता; **विभूतिभूषणः** भभूत (राख) से शोभायमान; **वीणापाणिः** वीणा धारण करने वाले; **वीरभद्रः** शूर एवं कुलीन; **वीरेश्वरः** युद्ध कलाओं के स्वामी; **विरुपाक्षः** कुटिल एवं अनिष्टकारी नेत्रों वाले देवता; **विश्वनाथः** विश्व के स्वामी; **वृक्षनाथः** पेड़ों के स्वामी; **वृषभनाथः** बैलों को वश में करने वाले; **यक्षनाथः** यक्षों, जंगल में विचरती आत्माओं के देवता; **योगेशः** योग के देवता।

आइए भगवान शिव का ध्यान करें। वे मस्तक पर आधे चंद्रमा को धारण किए हुए हैं जिससे दिव्य गंगा नदी बह रही है। गंगा नदी कभी न थमने वाले समय का प्रतीक है और जीवन को पोषण प्रदान करने वाली शक्ति का मूर्त रूप है। शिव के शरीर पर राख मली हुई है और वे अपने शरीर के निचले हिस्से पर एक बाघ की खाल पहने हुए हैं। उनकी चार भुजाओं में से एक में त्रिशूल, एक में फरसा है और शेष दो विशेष मुद्राओं में वरदान व अभयदान दे रही हैं।

भगवान शिव के तीन नेत्र हैं जिनसे वे भूत, वर्तमान और भविष्य में देख सकते हैं। उनका तीसरा नेत्र अतींद्रिय है जो अथाह भीतर तक देख सकता है। जब कभी वे इसे खोल कर बाहरी संसार को देखते हैं तो इस दृष्टि की तीव्रता से देखी गई चीजें जलकर राख हो जाती हैं। शिव के तीन आंखों वाले रूप के कई नाम हैं जैसे विरुपाक्ष, त्रि-अक्ष, त्रिनयन और त्रिनेत्र।

शिवजी की जटाओं के ऊपर आधा चंद्रमा ऐसे टिका हुआ है जैसे कोई मुकुट। एक कथा के अनुसार चंद्रमा की किसी भूल से रुष्ट होकर देवताओं द्वारा उसे देव सभा से निकालकर समुद्र में फेंक दिया गया था। बाद में समुद्र मंथन के समय शिव ने उन्हें वहां से उठाकर अपनी भौंह के ऊपर रख लिया। इस तरह अंतर्ज्ञान से जुड़े अवयवों को उनका सही स्थान मिल गया।

शिव का त्रिशूल सृष्टि के तीन अंगों—सृजन, पालन और संहार का प्रतीक है। उनका भाला—पाशुपत—वह अस्त्र है जिससे काल चक्र में युगों का अंत होने पर शिव विश्व का संहार करते हैं। उनका फरसा परशु कहलाता है जिसे उन्होंने परशुराम को उपहार स्वरूप दिया था। शिव के पास खट्वांग नामक एक मुग्दर भी है जिसके सिरे पर एक मुंड लगा हुआ है। उनके गले में नरमुंडों की माला हैं जिसके कारण वे कपाली भी कहलाते हैं। उनके हाथ का डमरू सृजन के नृत्य का प्रतीक है, जबकि देह पर मली हुई भस्म सभी जीवों के अंदर मौजूद विनाशकारी शक्तियों का प्रतीक है।

सभी प्रसिद्ध चित्रों में शिव को उनकी शुभ और सुंदर पत्नी के साथ दिखाया गया है जो शिव के कठोर जप-तप में उनकी सहयोगिनी हैं। इनके समीप ही इनके पुत्र गणेश विराजमान हैं जिनका सिर हाथी जैसा है और जो सभी बाधाओं को दूर करने वाले हैं। उनके दूसरे पुत्र हैं स्कंद या कार्तिकेय। इस दैवी परिवार में पवित्र नंदी बैल भी शामिल हैं जो उत्पादकता, सृजन और निष्ठा की शक्तियों के प्रतीक हैं।

शिव जीवन और मृत्यु के, विनाश और पुनर्जन्म के देवता

हैं। सभी जैविक क्रियाएं उनमें निहित हैं, लेकिन शिव इनसे परे एक ऐसे मानसिक, भावात्मक और आध्यात्मिक विस्तार में बस जाते हैं जिसे केवल बौद्धिक क्रियाओं से समझ पाना मुश्किल है। शिव को अंगीकार करने और उनकी शक्तियों को जानने के लिए हमें अंतर्तम की गहराइयों में उतरना होगा।

मैं यह किताब किसी हठधर्मिता से नहीं, बल्कि भक्तिभाव से लिख रही हूं। धर्मकथाओं आदि में श्रद्धा रखने वाले लोग देवताओं में कुछ विशेष गुण व गूढ़ रहस्यों के लिए प्रतीक निरुपित कर देते हैं। निश्चय ही सगुण और विशेष योग्यताओं वाले देवता एक निर्गुण अनचीन्ही योग्यताओं वाले देवता से एकदम अलग होंगे। हिंदू धर्म में देवी-देवताओं की अनगिनत श्रेणियां और प्रकार हैं, जिनकी हम उपासना व आकांक्षा कर सकते हैं, इसीलिए हमारी परिस्थितियों या व्यक्तित्त्व का संयोग जैसा भी हो, उसके उपयुक्त सगुण देवता हमें मिल जाते हैं।

इस किताब में दी गई पौराणिक कहानियों में शाश्वतता का बोध होता है, ये कहानियां सापेक्ष व ऊर्जावान हैं जिनकी नित नई व्याख्या और नई कल्पना की जा सकती है। मौखिक और लिखित परंपरा में हमेशा ही एक विलक्षण लचीलापन रहा है। हिंदू देवताओं पर बने अत्यधिक लोकप्रिय टेलीविज़न धारावाहिकों के माध्यम से प्राचीन अविच्छिन्न संस्कृति ने टेक्नॉलॉजी और मीडिया को अंगीकार किया है। अस्सी के दशक के अंत में और नब्बे के दशक की शुरुआत में राष्ट्रीय चैनल दूरदर्शन द्वारा प्रसारित धारावाहिक *रामायण* और *महाभारत* ने भारतवर्ष में नरमपंथी एवं कट्टरपंथी दोनों धार्मिक शक्तियों के पुनरोत्थान के लिए परिस्थितियों का निर्माण किया। 'गिल्गामेश,'

'ओडिसी,' 'इलियड,' यहां तक कि 'ओल्ड टेस्टामेंट' जैसे
महाकाव्यों ने जहां समाज में अपनी तात्कालिक प्रासंगिकता
खो दी है, वहीं पवित्र एवं धार्मिक हिंदू साहित्य ने समसामयिक
जीवन एवं तकनीक की मुख्यधारा में आश्चर्यजनक रूप से
अपनी पैठ बना ली है।

भारत सिलसिलेवार तरीक़े से ऐतिहासिक घटनाओं और
जानकारियों का लेखा-जोखा न रख पाने के लिए एक लंबे
समय से कुख्यात रहा है, लेकिन जहां तक पौराणिक
क़िस्से-कहानियों का संबंध है, यहां उन्हें लगातार दैनिक जीवन
से जोड़कर या जीवन के संपर्क में रखा गया है, यही कारण
है कि भारत के देवी-देवता आज भी उतने ही सजीव हैं। वे
केवल प्रतीक या चिन्ह नहीं हैं जिन्हें कल्पना के स्तर पर जिया
जाता है, बल्कि इतिहास में दर्ज काल के आरंभ से बह रही
हिंदुत्व की नदी के जीवंत विश्वास में उतराते मानवीय रूप हैं।

भगवान शिव ब्रह्मा, विष्णु और महेश की पवित्र त्रिमूर्ति
का एक हिस्सा हैं। ब्रह्मा सृजनकर्त्ता और जीवन देने वाले
हैं। विष्णु जीवन की दैवी गतियों को बनाए रखते हैं, व
संतुलन और साम्यता का प्रतिनिधित्व करते हैं; और महेश
(शिव का ही एक अन्य नाम) सभी देवों में महान हैं, मृत्यु
और जीवन को लाने वाले हैं।

इन शाश्वत शक्तियों में शिव को आदिदेव माना जाता
है। उनकी उपासना कमज़ोर मन वालों का काम नहीं है क्योंकि
शिव विश्व की अत्यंत भव्य, साथ ही भयानक छवि प्रस्तुत करते
हैं। शिवजी के श्वसुर, हिमावत, धन-संपत्ति के देवता हैं, किंतु
महायोगी शिव धन-संपत्ति आदि को तुच्छ समझते हैं और अपने

भक्तों से कठोर साधना और तपस्या की आशा करते हैं। धन के देवता कुबेर भगवान शिव के बड़े भक्त हैं, लेकिन स्वयं भगवान शिव नरमुंड का भिक्षापात्र हाथ में लिए एक दिगंबर योगी हैं।

शिव का प्रादुर्भाव एक धारणा और मानव दोनों ही रूपों में उतने ही सहज ढंग से हुआ जितना कि आस्था की सरिता का प्रवाह। शिव शर्वप्रथम ऐतिहासिक जानकारी के तौर पर मोहनजोदड़ो से प्राप्त 2500 ई.पू. की प्राचीन मुहर पर पशुपति के रूप में दिखाई दिए। इस प्रतिमा में शिव को सिद्धासन की योग मुद्रा में बैठा हुआ दिखाया गया है। इस मुद्रा में वे ऊर्ध्व लिंग के नीचे अपने पैरों को परस्पर एक दूसरे के ऊपर रखे हुए बैठे हैं। इस प्रतिमा में उन्हें तीन मुखों और दो भुजाओं वाला दिखाया गया है। समय के साथ प्रतिमाओं में परिवर्तन हुआ, किंतु मूल रूप कभी नहीं बदला। पुराणों की बदलती मान्यताएं और व्याख्याएं एक उदात्त तपस्वी की सरलता एवं महिमा को प्रभावित नहीं कर सकीं।

कुछ संकेतों से भी पता चलता है कि परवर्ती काल में भारतीय उपमहाद्वीप में शिव उपासना से संबंधित धार्मिक कृत्यों पर डियोनाइसिक उपासना पद्धति का प्रभाव पड़ा है। 300 ई.पू. के लगभग भारत में आए ग्रीक लोगों ने पाया कि शिव और उनके अपने देवता जैग्रियस-डियोनाइससिस में काफ़ी समानताएं हैं। इस भारतीय-आर्यन देवता के कुछ गुण वरुण पुराण में वर्णित शिव के गुणों से मिलते-जुलते हैं। शिव की तरह डियोनाइससिस भी एक अनार्य देवता हैं और ऊर्ध्व लिंग उनके गुणों का प्रतीक रूप है। उनके लिए बेल-

पत्र उसी प्रकार शुभ माना जाता है जैसे शिव के लिए। ग्रीक धर्मावलंबियों के रहस्यमय अनुष्ठान करने वाले वन देवता शिव के गणों से मिलते-जुलते थे। शिव की भांति डियोनाइसिस भी स्वभाव से उग्र बताए गए हैं तथा पर्वतों आदि से उनका भी संबंध है। ग्रीक की पौराणिक कथाओं एवं साहित्य दोनों में इन देवताओं के भारतीय निवास का वर्णन मिलता है। मैगस्थनीज़ ने अपनी भारत यात्रा में ग्रीक देवताओं जैसे पर्वतों के स्वामी डियोनाइसिक और मैदानों के देवता हर्क्युलिस के बारे में विशेष रूप से लिखा है। कुछ विद्वानों का मत है कि भारत में सिकंदर के अभियान के बाद दोनों देशों की संस्कृतियों के मिलन से संभवतः इन देवताओं के मिलते-जुलते गुण प्रकाश में आए।

देवताओं और दानवों की परिभाषा या उपाधियां भौगोलिक एवं ऐतिहासिक बाध्यताओं के साथ निरंतर बदलती रही हैं। पर्शिया और एशिया माइनर के अहूर (देवता) हिंदुओं के लिए दानव हैं, ठीक उसी प्रकार भारतीय उपमहाद्वीप के देवता विपरीत क्रम में दैत्यों के रूप में परिवर्तित हो गए हैं। आदि-आर्य पौराणिक कथा संरचना में पर्याप्त समानताएं हैं और अवेस्ता के रचना काल के बाद से वैदिक और अवेस्ता के पौराणिक पात्रों में पूरी तरह से विरोधाभास दिखाई देता है। भारत में जो देवता समझे जाते थे, वे अवेस्ता में असुर कहलाने लगे तथा अवेस्ता में अहूर (देव) कहलाने वाले भारतीय उपमहाद्वीप में असुर कहलाने लगे। वैदिक शर्वधर्म देवालय देवताओं और दानवों में बंट गए, देवताओं को उनकी दिव्यता या सदाचारिता से पवित्र घोषित कर दिया गया, जबकि असुरों

को मायावी, छल-कपट और प्रपंचों से भरा घोषित कर दिया गया।

शिव उपासना पद्धति की मुख्य धारा में कई देशी जनजातीय मिथकों को भी सम्मिलित कर लिया गया। शिव-रुद्र की उपासना पद्धति उस पर पड़े साइबेरिया एवं मध्य एशिया में प्रचलित शामानी धर्म के रीति-रिवाजों के प्रभाव को स्पष्ट दिखाती है। इस प्राचीन शामानी धर्म के लोकाचारों (रीति-रिवाजों) का बौन-पो के प्राचीन धर्म की पूर्व-बौद्ध परंपराओं में समावेश हो चुका था तथा भारत की आदिवासी जनजातियों में भी शामानी धार्मिक रीति-रिवाज घुल-मिल गए थे। मिर्सिया इलियड के शामानी धर्म के प्रचार-प्रसार पर किए गए अध्ययन से पता चलता है कि धार्मिक क्रियाओं में खोपड़ी और कंकालों का प्रयोग तथा कई तांत्रिक विधियों में इनके तौर-तरीक़ों को समान रूप से अपनाया जाता था।

किंतु विरोधाभासों व विपरीत दृष्टिकोणों के बावजूद शिव की दार्शनिक अवधारणा की आस्था खंडित या भंग नहीं हुई है। शैल शिखर पर विराजमान त्रिकालदर्शी भगवान शिव अपने तीसरे नेत्र से सृजित और असृजित संसार पर अपनी दिव्य दृष्टि टिकाए रखते हैं।

शिव के रूप

शिव के रूप जटिल एवं विरोधाभासी हैं। वे ऐसे सत्य-स्वरूप हैं जिसमें समस्त विपरीत गुण समाहित हैं। उनका भयंकर और अभयंकर स्वरूप उनके उसी सत्य-स्वरूप का प्रतिबिंब है।

शिव ऐसे भगवान हैं जिन्हें नाम नहीं देना चाहिए क्योंकि नाम सीमित और लघु होता है, किंतु फिर भी उनके अनेक नाम मिलकर उनकी अज्ञेयता और रहस्यात्मकता का सृजन करते हैं। शिव के नाना रूपों की वास्तविकता उनके विभिन्न स्वरूपों के वर्णन में ही समाहित हैं। उनके सभी काव्यात्मक, पौराणिक रूप विश्व की वास्तविकता को उजागर करते हैं। उनके इसी निर्गुण या अव्यक्त ईश्वरत्व की 'साक्षात्' या सगुण नामों से पुकारा गया है।

रुद्र: वेदों में शिव रुद्र (गर्जना करने वाले) रूप में दिखाई देते हैं। वे वज्र जैसी भयानकता का मूर्त रूप हैं। वे वर्षा और समृद्धि लाने वाले हैं, उनका भयंकर सौंदर्य भयभीत कर देने वाला है। रौद्र या रुद्र वह नाम है जिसका वर्णन नहीं हो सकता। वेदों में प्रथम ऋग्वेद में वे वन्य देव हैं। किसी लेखक ने इन्हें "भोलानाथ" कह कर पुकारा है। भयंकर रुद्र रूप में आते ही शिव अपने साथ रहस्यों और सृजनात्मक स्वरूप दोनों लाते हैं। जब वे आते हैं, एक भयंकर अट्टहास करते हैं और रुद्र (कोलाहल करने वाले) के नाम से जाने जाते हैं। वे जीवन के नियामक और संहारक दोनों हैं। आदिकाल में सृष्टि के निर्माण के समय अग्नि ही प्रथम पिता प्रजापति से दिव्य बीज (मूल तत्त्व) लेकर आए थे।

रुद्र-अग्नि की तरह ही रुद्र का विनाशकारी रूप भैरव से जुड़ा है। वे ब्रह्मांड के अग्नि तत्त्व सूर्य स्वरूप हैं, इस रूप में शनि उनके पुत्र हैं जो उनकी पत्नी सुर्वाचला से उत्पन्न हुए हैं। इस प्रकार सौर देवता होने के कारण उन्हें भूतेश्वर (तत्वों का देवता) भी कहा जाता है। बाद में भूत (तत्वों) को भूत-पिशाचों से जोड़ दिया गया और भूतेश्वर शिव (तत्वों के देवता) भूत-पिशाचों के भी देवता कहलाने लगे। रुद्र-शिव भूतेश्वर के रूप में नित्य श्मशान जाते हैं, जहां वे अपने शरीर पर भस्म मलते हैं (भस्म शब्द विध्वंस और राख दोनों अर्थ सूचित करता है) और जीवन और मृत्यु की निरंतरता, जड़ और चेतनता का अवलोकन करते हैं। वे नरमुंडों की माला पहनते हैं और सर्पों से घिरे रहते हैं जो संपूर्ण लोक की निरंतरता का पौरुष प्रतीक है। चेतना के अंधकारमय गर्भ से जन्म लेने वाले शैतानों, पिशाचों और दानवों पर शिव का प्रभुत्व है।

रुद्र-शिव के कल्याणकारी और प्रलयंकारी स्वरूप के विपरीत गुणों का समावेश अष्टमूर्ति रूप में हुआ है, जिसमें रुद्र, शर्व, उग्र या अशनि एवं भीम उनके प्रलयंकारी रूप है तथा भव, पशुपति, महादेव एवं ईशान उनके कल्याणकारी रूप हैं। इनमें से प्रत्येक अपने आप में अपूर्ण हैं; ये केवल तभी पूर्ण हैं जब सृजन और विनाश की महाप्रतापी शक्तियां आपस में मिलकर मूर्त रूप ले लेती हैं।

शर्वः रुद्र के बाद शिव का अगला रूप है– शर्व अर्थात धनुष से बाण चलाने वाले। उनका शर्व रूप पृथ्वी तत्व का प्रतीक

है। भूमि पुत्र होने के कारण भौम अर्थात् भू के देवता। उनकी सहचरी और स्त्रैण ऊर्जा धरणी हैं, यानी धारण करने वाली। मंगल ग्रह उनके पुत्र हैं। शर्व शब्द 'शरु' से बना है जिसका अर्थ बाण होता है। इस बाण के तीन हिस्से हैं जो विनाशकारी आग कालाग्नि से जुड़े हैं। अनासक्त कठोरता और निर्दयता से परिपूर्ण शिव का यह रूप सद् और असद् की साधारण समझ रखने वाले लोगों की बुद्धि से परे है। रुद्र का वज्र जिस प्रकार उनके क्रोध का साक्षात प्रतीक है उसी प्रकार शरु या बाण शिव की शक्ति का प्रतीक है। यह प्रतीक आखेटक (शिकारी) संस्कृति और कृषि अर्थव्यवस्था में स्वाभाविक है किंतु उनके प्रत्यक्ष ज्ञान की गूढ़ मान्यता शाश्वत एवं चिरस्थायी है।

एक पौराणिक कथा के अनुसार सृष्टि के आरंभ में सृष्टिकर्ता प्रजापति ब्रह्मा ने नक्षत्र के रूप में मूर्तिमान अपनी पुत्री रोहिणी जिसे अलदेबरान नक्षत्र के रूप में भी जाना जाता है, पर कुदृष्टि डाली थी। दार्शनिक दृष्टि से इसे परम सत्य की उपेक्षा या अव्यक्त का व्यक्त रूप में पतन हो जाना मान सकते हैं। इस पर महादेव शिव ने जो स्वयं परम एवं शाश्वत सत्य हैं, शर्व का रूप धारण करके प्रजापति ब्रह्मा, जो सृष्टि के पिता हैं, को अपने दैवी बाण का लक्ष्य बनाया। उनका सिर काट गिराया। बाद में इस पाप का प्रायश्चित करने के लिए उन्हें कठोर तप करना पड़ा था।

दिव्य ओम शब्द एक धनुष है, आत्मा (स्व) एक बाण है, ब्रह्मा (परम सत्य) लक्ष्य है। बड़े मनोयोग से लक्ष्य का

संधान करें, तो आप पाएंगे कि आत्मा रूपी बाण और ब्रह्मा रूपी परम सत्य और आप एकाकार हो गए हैं।

शर्व-रुद्र-शिव, उन्मत शिकारी का एक बड़ा रोचक प्रसंग सिरियस, श्वान तारे या स्वर्ग के शिकारी कुत्ते से भी जुड़ा हुआ है। वासंतिक ऋतु में जब दिन और रात समान होते हैं और सूर्य रोहिणी नक्षत्र में उदित होता है, उस समय धनुष लिए हुए शिकारी जैसे शर्व मृग व्याध (मृग के शिकारी) तारे के रूप में होते हैं और किरणें उनका बाण होती हैं।

विश्व में किसी भी समय अस्तित्त्व में दिखने वाली चल या अचल वस्तु का नाश करने वाले शर्व रुद्र ही हैं। रुद्र नाम व रूप वाले शर्व को मृत्यु के देवता यम और स्वयं मृत्यु के रूप में जाना जाता है। हिंदू तत्व मीमांसा की विरोधाभासी एवं समन्वयकारी प्रवृत्ति के अंतर्गत उन्हें ही भव या अस्तित्त्व के रूप में जाना जाता हैं। अतः इस दैवी धनुर्धर शर्व के हाथों में जीवन और मृत्यु दोनों ही शक्तियां हैं और ये दोनों शक्तियां परस्पर विरोधी नहीं, बल्कि एक-दूसरे की पूरक हैं। वे अपने मृत्यु रूपी बाणों को चलने से रोक सकते हैं, उन्हें अपने अधीन कर सकते हैं और अपनी कृपा से मृत्यु से मुक्ति प्रदान कर सकते हैं।

उग्रः रुद्र-शिव का एक अन्य भयावना रूप है उग्र, उनका यह रूप अशनि या वज्र भी कहलाता है, एक ऐसी चिंगारी जो विध्वंस के सनातन दावानल की अग्नि को भड़का सकती है। ऊर्जा के रूप में दीक्षा उनकी पत्नी हैं और तर्पण (तृप्त करने

की क्रिया) के रूप में संतान उनके पुत्र हैं। उग्र-भीम-अशनि के रूप में वे भक्ति को सहज रूप में ग्रहण करने वाले और सभी कामनाओं को पूर्ण करने वाले हैं। भीम आकाश तत्व का प्रतीक हैं और उनकी पत्नी दिशा अंतरिक्ष की दिशाओं का मूर्त रूप हैं। उनका पुत्र सर्ग सृजन का प्रतीक है।

पशुपतिः शिव अपने सौम्य रूप में, पशुपति पशुओं के रक्षक, साथ ही भव, महादेव एवं ईशान के रूप में दिखाई देते हैं। रुद्र-शिव का भव रूप अस्तित्व का प्रतीक है जो जल तत्त्व से जुड़ा हुआ है। भव को पर्जन्य वर्षा के देवता के रूप में भी जाना जाता है, उनकी पत्नी उमा हैं और पुत्र शुक ग्रह है।

पशुपति के रूप में भगवान अग्नि का मूर्त रूप हैं। इस अग्नि रूप में वे यज्ञों को चलाने वाले हैं और उनकी पत्नी व स्त्रैण ऊर्जा स्वाहा हैं जो यज्ञ में प्रयुक्त आहुति और शुचिता की देवी हैं। युद्ध के देवता स्कंद उनके पुत्र हैं। शाब्दिक अनुवाद करें, तो पशुपति का अर्थ है—पशुओं के देवता, जो पशुचारी (गाय-भैसों का पालन) संस्कृति की अर्थव्यवस्था में संरक्षक हैं। इस संसार में जीवन-क्रम में आने वाले छोटे-से-छोटे प्राणी से लेकर स्वयं सृजनकर्ता उन्हीं के हाथों मृत्यु को प्राप्त होते हैं और संरक्षण पाते हैं। महादेव शिव मुक्तिदाता हैं जो प्रत्येक जीव को उसके भव बंधनों (पाश) से मुक्त करते हैं। आगे चलकर वे वास्तु के रहस्यों को जानने वाले वास्तोपति के रूप में परिवर्तित हो जाते हैं। यज्ञाग्नि से संबंध होने के कारण रुद्र-पाशुपति वास्तव्य हैं—यज्ञ के बाद बचने वाला नैवेद्य।

इस शब्द का अर्थ उतना गूढ़ नहीं है जितना कि दिखता है,
बल्कि इसका अर्थ है यज्ञ में आहुति के रूप में डाली गई
वस्तुओं का अवशेष।

ईशानः इस रूप में भगवान वायु तत्व स्वरूप हैं, इस प्रकार
वे जीवन प्रदान करने वाले हैं। महादेव के रूप में शिव
प्रजननकारी रूप में जाने जाते हैं, यानी ऐसे देव जिनका प्रतीक
लिंग है। लिंग प्रजननकारक शक्ति है जो जीवन की निरंतरता
को सुनिश्चित करती है। शिव का वीर्य चंद्रमा के पात्र में
सुरक्षित है और जीवन के चक्र को चलाने वाली जैविक शक्ति
उसमें निहित है। उनके इस रूप में उनकी जीवनसंगिनी रोहिणी
हैं और बुध (ग्रह) उनका पुत्र है।

महाकाल

महाकाल रूपी शिव रुद्र-शिव के भयंकर स्वरूप भैरव के रूप में वर्णित हैं। पुराण कहते हैं कि भैरव इतने भयंकर हैं कि समय और मृत्यु के देव काल भी उनसे भयभीत हो गए थे। इस प्रकार वे काल भैरव हैं, वे समय के नियंत्रक हैं और काल-राज—काल पर शासन करने वाले हैं, समय स्वयं उनके अधीन है, वे ही काल पुरुष भी हैं।

शिव रुद्र का एक अन्य प्रभावशाली रूप है मृत्युंजय, जो असमय होने वाली मृत्यु पर विजय का प्रतीक स्वरूप है। काल महाकाल के संदर्भ में शिव पशुपति (पशुओं के संरक्षक) और मृत्युंजय (मृत्यु से मुक्ति दिलाने वाले) के रूप में कल्याणकारी हैं। रुद्र प्रजापति ब्रह्मा के लिए बीज (सृष्टि का मूल तत्त्व) धारक थे और साकार व निराकार शक्तियों के मध्य उत्प्रेरक थे। वे विरोधाभासात्मक रूप में काल के सहायक एवं विरोधी दोनों हैं। हिंदू धर्म एवं संस्कृति में समय को काल के रूप में अभिहित किया गया है। एक कथा के अनुसार रुद्र समय के देवता काल से मिले और उनके अंदर अपने 'स्व' को पहचान लिया, हालांकि काल के चार ही मुख थे, शिव का पांचवां मुख जो काल से परे था, वही ईशान का गूढ़ रूप है।

इस प्रकार शिव समय के रूप में काल और काल की सीमाओं से परे महाकाल दोनों हैं। दैवी धनुर्धारी और शर्व के रूप में वे समय के नियंत्रक है। जीव के जीवन की अवधि समय की सीमा में निर्धारित होती है जिसे दैवी धनुर्धारी शिव ही निश्चित करते हैं।

समय के देवता काल का एक अन्य नाम अंतक—अंत करने वाला है, जो जीवन और मृत्यु के कभी न समाप्त होने वाले चक्र में प्राणियों के जीवन की अवधि निश्चित करते हैं। रुद्र की तरह वे भी प्राण-वायु (श्वास) और ऊर्जा तथा जीवन को चलाने वाले प्राण स्वरूप हैं। प्राणी का जीवन एक लय में चल रही श्वास की क्रिया अर्थात् प्राण पर ही आधारित है, जो जीवन शक्ति का व्यक्त रूप है। दिन और रात का भेद, ऋतु-चक्र—सभी समय और जीवन के विलक्षण कौतुक का ही विस्तार हैं।

प्रजापति अनंत काल का प्रतीक हैं और प्रजापति की कथा और उनका दिव्य शिकार महत्वपूर्ण साक्ष्य हैं। हिरण (मृग) रूपी प्रजापति रुद्र के बाण द्वारा बींधे गए थे। घायल हिरण आकाश की ओर भागा और मृगशिरा नक्षत्र कहलाया जो ओरियन नक्षत्र के रूप में जाना जाता है। इस घटना की आध्यात्मिक तत्वविज्ञानी व्याख्या इस प्रकार है कि रुद्र का बाण लगने पर प्रजापति ने शरीर छोड़ दिया क्योंकि "शरीर केवल निवास का स्थान मात्र ही है।" इस बलिदान के कारण प्रजापति की पहचान सौर वर्ष के वार्षिक चक्र के साथ जुड़ी है। जब मृगशिरा नक्षत्र उगते सूर्य की सूचना देता है और वासंतिक ऋतु में जब दिन और रात समान होते हैं, तब वे पुनर्जीवित हो जाते हैं। फिर कालांतर में सूर्य एक अन्य नक्षत्र अलदेबरान में उदित होते हैं। आकाश में हो रहे इस परिवर्तन और दिन और रात में होने वाले इस दिव्य परिवर्तन को पुरा कथाओं में कल्पना का ऐसा रंग दे दिया गया, मानो

प्रजापति रोहिणी की ओर बढ़ रहे हैं अर्थात् जगत पिता कामना
के वशीभूत होकर अपनी पुत्री को दूषित करने जा रहे हैं।

खगोलीय समय, संसार चक्र आदि सब जीवन के अस्थायी
और ज्ञानातीत चक्र का हिस्सा हैं। शिव इस समय के बनाने
वाले हैं और इनमें ही इस जगत का आदि और अंत समाहित
है। वे समय के भीतर और समय से परे उस बिंदु पर अवस्थित
हैं, जहां जीवन की नित्यता का गतिहीन समय-सृजन के क्षेत्र
में प्रविष्ट होता है।

काल एवं महाकाल और व्यक्त तथा अव्यक्त के बीच
का अंतर एक गूढ़ एवं महान अवधारणा है। सृजन के दौरान
समय में एक लय और तालबद्धता होती है, इसीलिए शिव को
ऐहिक (लौकिक) नर्तक कहा जाता है।

काल-महाकाल का एक अन्य रूप स्थानु—महान स्तंभ की
अवधारणा के तौर पर भी है, जिसमें शिव एक महान योगी
के रूप में मूर्तिमान हैं और समय (काल) उनके सम्मान में शांत
भाव से खड़ा है। काल-महाकाल का स्वभाव उसी प्रकार
विरोधाभासी है जिस प्रकार किसी क्रिया का एकांतर रूप में
होना और न होना, हृदय का स्पंदन (धड़कना) और अनुशिथिलन,
श्वास का आना और जाना आदि। धर्म में आस्था रखने वाले
भावुक अवधारणात्मक और परम सत्य को दृष्टांतों और प्रतीक
के रूप में बांध देते हैं। सृष्टि के इतिहास में समुद्र मंथन के
समय शिव ने पाताल लोक के सर्पों के स्वामी वासुकि द्वारा
उगले विष का पान किया था। सर्प निस्संदेह समय और नित्यता

दोनों का एक अन्य प्रतीक रूप है और वासुकि अनंतनाग का एक रूप हैं जो समय की नित्यता का दूसरा रूप है। यहां तक कि वासुकि द्वारा उगला हुआ ज़हर 'कालकूट' अस्थायी व क्षणभंगुर समय की भयानकता का प्रतीक है।

महान धनुर्धर, ऐहिक (लौकिक) नर्तक, नित्य स्वरूप सर्प-ये सभी छवियां शिव को आध्यात्मिक स्तर पर रहस्यवाद के सर्वोच्च शिखर पर अवस्थित करती हैं।

शिव तांडव

महान धनुर्धर शर्व के बाण को कालाग्नि भी कहते हैं। कालरूपी वह अग्नि, जिसमें सब कुछ जलकर भस्म हो जाता है। सृष्टि चक्र के समापन पर जब उसके नाश का समय आता है, तब कालाग्नि-रुद्र संसार को मृत्यु और विनाश रूपी नृत्य के आलिंगन में कस लेते हैं। यही तांडव नृत्य है, शिव का मृत्यु-नृत्य, जिसकी लय-ताल जीवन के आरंभ और अंत की सूचना देती है।

इस भीषण नृत्य के साथ हृदय को कंपा देने वाली डमरू की ताल पर सहस्रों नयन वाले शिव सारी सृष्टि को जलाकर भस्म कर देते हैं, तब उस अजन्मे, अनभिव्यक्त और इंद्रियातीत उन्माद में काल और महाकाल का भेद अस्पष्ट हो जाता है और वे एक ही दैवी इकाई नज़र आने लगते हैं। सृष्टि (जगत) के भस्म हो जाने पर पृथ्वी के तत्व जल में मिल जाते हैं, आग जल को सुखा देती है, जल वायु में परिवर्तित हो जाता है, वायु अंतरिक्ष की ओर गमन करती है, बहुसंख्य देव ब्रह्मा में लीन हो जाते हैं। तब भगवान प्रकृति (अभिव्यक्त पदार्थ या तत्व) को पुरुष (आत्मा) से अलग करते हैं। कालाकाल के रूप में शिव अनस्तित्व (न होने का भाव) के आनंद में लीन हैं। अग्निशिखा से घिरे शिव सृष्टि के दैवी क्रम को फिर से आरंभ करते हैं।

हर युग, हर कल्प के अंत में भगवान शिव प्रलय (सृष्टि का विनाश) लाने के लिए नटराज के रूप में मृत्यु-नर्तन करते हैं। कला-इतिहासविद् कुमारस्वामी के शब्दों में शिव का नृत्य "भगवान के क्रिया-कलाप की ऐसी स्पष्ट छवि है जिस पर कोई भी धर्म गर्व कर सकता है।" फ़्रित्ज़ॉफ़ कापरा अपनी प्रसिद्ध

पुस्तक 'द ताओ ऑफ़ फ़िज़िक्स' में शिव के तांडव को समकालीन विचार के संदर्भ में परखते हैं। उनके अनुसार जगत का गतिवादी दृष्टिकोण आधुनिक भौतिक विज्ञान के समान है। भौतिक शास्त्र के अनुसार गति और लय किसी भी पदार्थ का आधारभूत गुण है और सभी पदार्थ इस जगत नृत्य में शामिल हैं। इस प्रकार हम हिंदू धर्मग्रंथों में भगवान की इस नृत्य छवि को प्रकृति के प्रतीक के रूप में देखते हैं। फ़्रित्ज़ॉफ़ कापरा के शब्दों में यह नृत्य "सृजन और विनाश की एक ऐसी स्पंदनकारी प्रक्रिया है जहां केवल पदार्थ ही नहीं, बल्कि सृजनकारी एवं विनाशकारी ऊर्जा का अंतहीन प्रतिरूप शून्य भी जगत नृत्य में हिस्सा लेता है।" इसमें कोई संदेह नहीं, जैसा कि कुमारस्वामी कहते हैं "कविता लेकिन फिर भी विज्ञान"

शिव-शक्ति

चतीथ परी

शिव मृत हैं, मात्र एक शव। यदि यह गति और जीवन की श्रेष्ठतम देवी शक्ति नहीं है, तो फिर भला यह प्राण फूंक देने वाली स्वर ध्वनि 'मैं' क्या है...? *हाइन ज़िमर*

उपर्युक्त विचार के स्रोत शिव और पार्वती की कथा में मिलते है जहां देवी (पार्वती) काली के अवतार में पूर्ण विनाश करने के लिए चली जा रही थीं, तब उन्हें रोकने के लिए शिव एक शव बन गए और उनका रास्ता रोक लिया। देवी को अपने इस मृत्यु के खेल का बड़ा पश्चाताप हुआ और उन्होंने अपनी शक्ति से शिव को पुनर्जीवित किया, निष्क्रिय शव को शिव बनाया।

भगवान शिव मानवीय रूप में हैं लेकिन उनका चित्रण पुरुष के रूप में ही नहीं हुआ है, अर्धनारीश्वर-आधे पुरुष और आधे स्त्री के रूप में वे स्त्री-पुरुष दोनों की समानताओं और विपरीतताओं से परे चले जाते हैं, ठीक वैसे ही जैसे वे काल-महाकाल के विरोधाभास को मिटाकर काल-भैरव का रूप ले लेते हैं। देवी (पार्वती) शिव की शक्ति या बल हैं। वे उनकी स्त्रैण ऊर्जा हैं, उनकी अर्धांगिनी हैं, उनकी दिव्य क्रीड़ा उनकी माया का कारण और प्रभाव दोनों है।

सदाशिव या नित्य शिव की अवधारणा ऐसी अवस्था है जिसमें शिव और शक्ति संयुक्त हैं। सदाशिव के शरीर का बायां हिस्सा स्त्री और दायां हिस्सा पुरुष का है। ये दो विपरीतताएं गूढ़ कुंडलिनी, मेरुदंडीय कुंडलित बल हैं जिनके माध्यम से मानव चेतना आध्यात्मिक विकास के रूप में जागृत होती है।

भारतीय पुरा कथाएं अपनी जटिलताओं के कारण दुर्बोध हो सकती हैं, लेकिन शिव-शक्ति की उभयलिंगी छवि स्त्री-पुरुष के समाकृति रूप की गहरी समझ और लैंगिकता दोनों का व्यापक स्वर जगाती है। शिव-शक्ति की कथा लिंग (पुरुष और स्त्री का बोध कराने वाला प्रतीक) और लैंगिकता दोनों का बड़ा विवेकपूर्ण चित्रण करती है। कथा बताती है कि बह्मा और विष्णु (त्रिदेवों में से अन्य दो) के अनुरोध पर शिव महात्मा दक्ष की बेटी सती से विवाह करने के लिए सहमत हो गए। दक्ष देवताओं की माता अदिति के पुत्र थे। देवताओं और ऋषि-मुनियों की उपस्थिति में शिव और पार्वती का विवाह संपन्न हुआ। इसके पश्चात वे कैलाश पर्वत पर मंदार की चोटी पर स्थित अपने निवास को चले गए, जहां महान तपस्वी शिव फिर से अपनी कठोर तपस्या में लीन हो गए।

सती दक्ष की साठ पुत्रियों में सबसे बड़ी थीं। वे देवी का अवतार थीं, जिन्होंने शिव की शक्ति के रूप में अपना भाग्य संवारने के लिए मानव रूप धारण किया था। उनकी सत्ताइस बहनें चंद्रमा को ब्याह दी गई थीं, जो सत्ताइस चंद्रगृह, सत्ताइस नक्षत्र कहलाईं। सती स्वयं आदि देवी थीं—काले वर्णवाली कालिका, भयानकरूप वाली चंडिका और अजेय या दुर्गम दुर्गा, दक्ष-पुत्री के रूप में स्व-उत्पन्न स्वरूप में सती उमा के नाम से भी जानी जाती हैं। कुछ भाष्यकार इसका संबंध सुमेरियन देवी माता 'उनू' और राजा हुविष्क के शासन काल के दौरान जारी किए गए कुछ कुषाण सिक्कों पर शिव की पत्नी के रूप में खुदे नाम 'उम्मो' से जोड़ते हैं। इस शब्द का

संबंध उनके कठोर तप से भी जोड़ा जाता है, जब कठोर तप की प्रतिक्रियास्वरूप उन्होंने 'उमा' कहा था।

सती के पिता दक्ष एक महान याज्ञिक (यज्ञ कराने वाले) थे। उन्होंने प्रयाग में गंगा नदी के संगम पर देवताओं के निमित्त एक भव्य यज्ञ का आयोजन किया। सिवाय शिव के सभी देवता इस यज्ञ में आमंत्रित थे, शिव का जानबूझ कर अपमान किया गया, उन्हें देव जाति से बाहर का समझा गया। दक्ष ने यज्ञ में शिव के भाग को लेकर उनका तिरस्कार किया और रुद्र-शिव को उनके यज्ञ का भाग नहीं दिया। यह तो निश्चित है कि शिव का तिरस्कार तो किया ही नहीं जा सकता है, क्योंकि वे स्वयं यज्ञ एवं याज्ञिक क्रियाओं के स्वरूप हैं। वर्षा ऋतु के उपरांत दक्ष ने हिमालय की तराई में स्थित गंगद्वार पर एक और भव्य यज्ञ का आयोजन किया, अपने दैवी दामाद रुद्र-शिव जिनका उसने प्रयाग के यज्ञ में अपमान किया था, उन्हें इस यज्ञ में भी निमंत्रित नहीं किया। अहंकारी दक्ष ने रुद्र-शिव का अपमान किया था वे आख़िरकार कपाल का भिक्षापात्र थामे एक कापालिक ही तो थे। शिव का शरीर श्मशान भूमि की भस्म से विभूषित था, उनकी जटाएं बढ़ी हुई थीं, उन्होंने गले में नरमुंडों की माला पहनी हुई थी और दैवी आनंद के मद में चूर थे। दक्ष ने उन्हें अपने भव्य यज्ञ के योग्य नहीं समझा।

यद्यपि सती मानव रूप में जन्मी महादेवी कालिका ही थीं, तथापि मानवीय भावनाओं और कोमलताओं से मुक्त नहीं थीं। जब उन्हें पता चला कि चंद्रदेव उनकी बहन रोहिणी के साथ गंगद्वार में हो रहे अनुष्ठान (यज्ञ) में जा रहे हैं, तो उन्होंने अपने पति शिव से भी वहां चलने और यज्ञ में अपना

न्यायोचित स्थान मांगने का अनुरोध किया। शिव ने वहां जाने
से मना किया, लेकिन सती ने शिव से स्वयं वहां जाने की
अनुमति ले ली। गंगद्वार के यज्ञ स्थल पर रुद्र-शिव को समर्पित
करने के लिए यज्ञ भाग नहीं रखा था। सती ने पिता से इसका
कारण जानना चाहा और पिता के तिरस्कारपूर्ण जवाब से उन्हें
इतना क्रोध आया कि दक्ष की इस मानव पुत्री सती ने अपने
निराकार शाश्वत दैवीरूप और जगत जननी स्वरूप को पाने के
लिए अपने शरीर का त्याग कर दिया।

        जब शिव ने सती की मृत्यु के बारे में सुना तो उनका
क्रोध रुक नहीं सका। उन्होंने यज्ञ को नष्ट कर दिया और
दक्ष को कठोर दंड दिया। जहां पर सती ने अपने प्राण त्यागे
थे और शरीर को नष्ट किया था, शिव वहां पर गए, सती
के शरीर को उठाया और उसकी राख को अपने शरीर पर मल
लिया। उनके गर्म आंसुओं ने पृथ्वी को जला दिया, यहां तक
कि शनि के अवतार शनिश्चर भी उनके आंसुओं के वेग को
संभालने में अक्षम थे। सती के मृत शरीर को अपनी बांहों में
लिए प्रेम, मृत्यु और नैराश्य के आवेश में शिव ने नाचना शुरू
कर दिया। शिव के इस दैवी उन्माद से विश्व का संतुलन
डगमगाने लगा और देवतागण भय से उनकी ओर देखने लगे।
इस डांवाडोल स्थिति को संभालने के लिए विष्णु का सुदर्शन
चक्र सती के शरीर के टुकड़े करके धरती पर गिराने लगा।
धरती पर जहां-जहां उनके शरीर के अंग गिरे, वे स्थान पवित्र
और प्रतिष्ठित हो गए। आज भी सती के एक सौ आठ
शक्तिपीठों पर उनके दैवी शरीर की वापसी में स्मरणोत्सव
मनाया जाता है।

सती की मृत्यु के बाद देवी ने पार्वती के रूप में एक बार फिर से जन्म लिया। उन्होंने फिर से मानवी रूप धारण किया, ताकि शिव की पुरुषोचित शक्ति के साथ संयुक्त हो सकें और अर्धनारीश्वर के वास्तविक स्वभाव के अनुसार शिव-शक्ति का संतुलन कायम रख सकें। पार्वती पर्वत और मैना (एक स्त्री) की पुत्री थीं। पार्वती का जन्म मध्यरात्रि में हुआ था जब मृगशिरा नक्षत्र चंद्रमा के साथ योग बना रहा था। उनका जन्म रात्रि की देवी कालरात्रि की कृपा से हुआ था, जो पार्वती के रूप में जन्म लेने के लिए मैना के गर्भ में प्रविष्ट हो गई थीं। यह सब शिव को शोक को दूर करने और एक पुत्र उत्पन्न करने के लिए उन्हें सहमत करने की योजना का हिस्सा था। क्योंकि ऐसी भविष्यवाणी हुई थी कि शिव-पुत्र ही अजेय असुर तारक का विनाश करने वाला होगा।

यह कोई संयोग नहीं है कि सती की भी एक मां थी— 'असिक्नी' अर्थात रात्रि। मातृसत्ताप्रधान धर्म में जो स्त्री की शक्ति को जीवन की स्रष्टा के रूप में प्रतिष्ठित करता है, सती की माता रात्रि भी महादेवी की रहस्यात्मक शक्तियों का मूर्त रूप थीं। पर्वत भी विश्व की उत्पत्ति का एक महत्वपूर्ण हिस्सा थे। पर्वत और मैना की पार्वती के अतिरिक्त दो और पुत्रियां थीं। एक 'रागिनी' (अरुण वर्णवाली) और दूसरी 'कुटिला' (वक्र, टेढ़ी) रात्रि की पुत्री होने के कारण काली के रूप में भी जानी जाती हैं। कुटिला को दिव्य नदी गंगा के रूप में, और रागिनी को उषाकाल एवं संध्यावेला के समय होने वाले उजाले (अरुण प्रकाश) के रूप में जाना गया। पार्वती योगियों

के योगी महायोगी शिव की पत्नी बनने का पूर्व निर्धारित
सौभाग्य लेकर जन्मी थीं। महर्षि नारद ने उनकी हस्तरेखा
पढ़कर भविष्यवाणी की थी कि वे वासना से मुक्त दिगंबर योगी
और संसार से विरक्त मातृ-पितृ रहित स्वयंभू भगवान से विवाह
करेंगी। इस सब के बाद प्रेम के देवता 'काम' ने कामना की
देवी 'रति' और वसंत ऋतु में बहने वाली मंद समीर के साथ
मिलकर शिव के ध्यान में विघ्न पैदा करने की योजना बनाई,
जिसका उद्देश्य उनके शरीर और मन को सृष्टि के निर्माण और
विश्व के कल्याण में प्रवृत्त करना था।

हिंदू पुराकथाओं की रचना-विधान के संदर्भ में 'काम' की
भूमिका को समझना बहुत जरूरी है। 'काम' इच्छा या कामना
का मूल है, जो अव्यक्त को व्यक्त होने के लिए प्रवृत्त करता
है। वे यह सुनिश्चित करते हैं कि सृष्टि का क्रम गतिहीन होकर
रुक न जाए बल्कि स्वयं को निरंतर रचता और दोहराता रहे।

शिव से पार्वती की प्रथम भेंट का वृत्तांत जग प्रसिद्ध है।
महायोगी शिव अपने घोर तप में लीन थे, जब पर्वत अपनी
सुंदर और गुणवंती बेटी पार्वती को साथ लेकर उन्हें फल-फूल
की भेंट चढ़ाने के लिए आए थे। शिव का मन पार्वती के प्रति
आकर्षित हो गया, जो कि शक्ति के रूप में वास्तव में उन्हीं
का एक हिस्सा थीं और परिणामस्वरूप शिव का ध्यान भंग होने
लगा। पार्वती के पिता ने प्रतिदिन उनकी सेवा के लिए वहां
आने की आज्ञा मांगी। शिव ने अपनी आंखें खोलीं और कुपित
होकर आदेशात्मक स्वर में कहा कि वे अकेले आएं, अपनी पुत्री
के साथ नहीं, क्योंकि तपस्वी के लिए स्त्री की संगत आवश्यक
नहीं है।

इस पर पार्वती का उत्तर जिन दार्शनिक और रहस्यात्मक आधारों को प्रस्तुत करता है, वही हिंदू संस्कृति में स्त्री और पुरुष ऊर्जा के ब्रह्म संतुलन की आधारशिला हैं। वे बोलीं, "हे महान शिव, जिस ऊर्जा का प्रयोग आप अपने तप में करते हैं, उसे सभी क्रियाओं की मूल प्रकृति की शक्ति ही धारण करती है। महादेव लिंगराज का भी अपनी प्रतिरूप प्रकृति से अलग कोई अस्तित्व नहीं है।" यद्यपि शिव मन ही मन पार्वती के बुद्धि-विवेक पर प्रसन्न हुए, तथापि उन्होंने कठोरता से उत्तर दिया कि वे अपने तपोबल से प्रकृति को नियंत्रित और समाप्त करते हैं और अपने तात्विक और परम सत्य के रूप में वे प्रकृति से बिल्कुल अलग हैं। "हे प्रभु, यदि आप वास्तव में प्रकृति से परे हैं तो आप पर्वत पर तपस्या क्यों करते हैं? आपके आसपास जो कुछ भी संयुक्त रूप में है, वह सब प्रकृति के कारण ही है, आप जो भी देखते, सुनते और ग्रहण करते हैं और जो कुछ भी आपके चारों ओर विद्यमान है, वह प्रकृति का ही साकार रूप है। मैं भी प्रकृति हूं और आप पुरुष हैं। यदि आप मुझसे अभिन्न या श्रेष्ठ हैं, तो आपको मेरे समीप होने पर भय क्यों है?" पार्वती के उत्तर ने विवाद का समाधान कर दिया।

पार्वती के उत्तर का सारांश यही है कि अधिकांश धार्मिक पद्धतियों ने अपने सामाजिक, आर्थिक और सांस्कृतिक विकास की किसी न किसी अवस्था में देवी के नारी रूपों को देव समाज द्वारा (पितृ तंत्रात्मक या पुरुषप्रधान व्यवस्था के अंतर्गत) नकारा है। पार्वती का उत्तर सांख्य दर्शन की झलक देता है, जबकि

शिव अद्वैतवादी वेदांत दर्शन की ओर संकेत कर रहे हैं। लेकिन फिर भी शिव का वास्तविक स्वभाव समग्र रूप में ऐसा है कि स्त्री-पुरुष, पुरुष-प्रकृति के सभी विरोधाभास उनके उभयलिंगी अर्धनारीश्वर रूप में समाहित हो जाते हैं। पार्वती अपनी निष्ठा, संयम और कठोर तप के बल पर शिव को पा लेती हैं और शिव ने पुत्रोत्पत्ति के लिए उनसे विवाह किया। इस प्रकार उन्होंने अजेय असुर तारक के विरुद्ध देवों की सुरक्षा और कल्याण को सुनिश्चित किया।

सृष्टि में जो कुछ भी परम शुभ है, शिव-शक्ति का विवाह उसी पुण्य और पवित्रता की पूर्णता लिए हुए है। हिंदू रीति-रिवाज के अनुसार पार्वती से विवाह के समय शिव को अपनी वंश परंपरा के विषय में बताना था। इस पर स्वयंभू भगवान चुप रहे और नारद जो विवाह करवा रहे थे, अपनी पांच तारों वाली वीणा बजाने लगे। शिव के श्वसुर पर्वत ने नारद को रोका और विवाह की रस्म पूरी करने के लिए कहा, इस पर नारद मुनि ने बताया कि शिव के वंश के बारे में स्वयं देवता भी नहीं बता सकते हैं, वे मौलिक अव्यक्त वास्तविकता हैं जो केवल अपनी इच्छा और खुशी से रूप, आकार एवं गुण आदि को धारण करते हैं। 'नाद' आदि शब्द को साकार शिव की उत्पत्ति माना जा सकता है, यही कारण है कि नारद ने महायोगी का वंश बताने के लिए वीणा वादन किया था।

शिव-परिवार

शिव का दैवी परिवार हिंदू चेतना का एक अनिवार्य अंग है। सती और पार्वती उनकी स्त्री शक्ति या सक्रिय शक्तियों का प्रतिनिधित्व करती हैं, जबकि कृत्रिम रूप से उत्पन्न किए गए गणेश जिनके मानव शरीर पर हाथी का मस्तक लगा हुआ है, ज्ञान और सभी कार्यों का शुभारंभ करने वाले सर्वशक्तिमान एवं नियामक देव हैं। शिव के दूसरे पुत्र कार्तिक भी गर्भ से उत्पन्न नहीं हुए हैं, बल्कि उनका जन्म कृत्रिम गर्भाधान की पुराकथा से जुड़ा हुआ है।

इन कथाओं की पृष्ठभूमि बड़ी रोचक है। तारकासुर से परेशान देवता बड़ी बेचैनी से शिव-पुत्र के जन्म की प्रतीक्षा कर रहे थे, जिसके हाथों तारकासुर की मृत्यु निश्चित थी। किंतु शिव अपने ध्यान में इतना लीन थे कि उनके पास इतना अवकाश भी नहीं था कि वे अपनी पत्नी पार्वती के साथ यौन संसर्ग कर सकें। देवतागण शिव का ध्यान भंग नहीं कर सके, अंत में उन्होंने निर्णय लिया कि अग्निदेव उन्हें उत्तेजित करें। अग्निदेव शिव के क्रोध से डरते थे और उनको कामदेव का परिणाम भी अच्छी तरह याद था। कामदेव पहले ही शिव की क्रोधाग्नि में जलकर भस्म हो चुके थे। किंतु अग्निदेव ने अपने भय पर नियंत्रण किया और देवताओं तथा मुनियों के परामर्श के अनुसार उस महान योगी के मन में वासना की अग्नि उत्पन्न करने को प्रवृत हुए। शीघ्र ही शिव ने अग्नि के ताप को महसूस किया और पार्वती को एक ओर हटाते हुए पूछा कि वे क्यों उन्हें उत्तेजित कर रहे थे। इस पर एकत्रित देवताओं ने शिव-संतान की अनिवार्यता का सारा हाल कह सुनाया। देवताओं के इस उद्देश्य की पूर्ति के लिए वे अपना वीर्यप्रदान करने पर

सहमत हो गए। जैसे ही भगवान शिव ने अपना वीर्य धरती पर गिराया, अग्निदेव पंडुक फ़ाख़्ता नामक पक्षी में परिवर्तित हो गए और उनके पवित्र वीर्य को निगल लिया।

जब पार्वती को इस घटना का पता चला तो उन्हें बड़ा क्रोध आया। जिस जीवनदायी बल को उनके गर्भ में पोषित होना चाहिए था, देवताओं की मिलीभगत से उसे अग्नि ने ग्रहण कर लिया और उन्हें बंध्या छोड़ दिया। पार्वती के क्रोध का पारावार ना था, उन्होंने देवताओं को शाप देते हुए कहा कि देवता अपनी इस नीचता का परिणाम भुगतेंगे। अपनी दिव्य वाणी के बल से स्वर्ग के निवासी देवताओं की पत्नियों और संगिनियों को उन्होंने श्राप दिया कि वे आजीवन बंध्या रह जाएंगी। इस कठोर और निर्दय अभिशाप के प्रतिशोध में पृथ्वी (धरती) ने भविष्यवाणी की, कि पार्वती कभी भी शिव की संतान को अपने गर्भ में धारण नहीं कर सकेंगी। इस भविष्यवाणी के फलस्वरूप ही शिव और पार्वती के पुत्र स्कंद और गणेश उनके गर्भ से उत्पन्न नहीं हैं। देवताओं को भी अपनी करनी का फल भोगना पड़ा। पार्वती का वचन सत्य हुआ, देवताओं के कोई संतान नहीं हुई। वे जड़ होकर पृथ्वी पर निष्कासित कर दिए गए जहां वे केवल पत्थर की मूर्तियों के रूप में पूजे जाते हैं।

देवता जिनकी अनुष्ठान में अग्नि द्वारा ग्रहण की गई प्रत्येक वस्तु में भागीदारी होती है, वे शिव के वीर्य से गर्भवान हो गए। वे शिव के दैवी वीर्य का ताप सहन नहीं कर सके और हताश होकर शिव के पास पहुंचे। शिव ने देवताओं से वमन (उल्टी) करने को कहा। देवताओं ने ऐसा ही किया और

वीर्य एक बार फिर से अग्नि के पास पहुंच गया। अग्नि देव ने इस पवित्र वीर्य के लिए योग्य गर्भ की खोज की और सप्त-ऋषि कहलाने वाले सात दैवी ऋषियों की छह पत्नियों के गर्भ में इसे पहुंचा दिया, जो माघ के महीने में गंगा के बर्फ़ जैसे ठंडे पानी में स्नान कर रही थीं। केवल वशिष्ठ ऋषि की पत्नी अरुंधती जो ठंड से बचने के लिए अग्नि के समीप से नहीं गई थीं, को छोड़कर शेष सभी गर्भवती हो गईं। जैसे ही उन्हें इस अवस्था का पता चला, उन्होंने जल्दी से शिव के वीर्य को बाहर निकाल दिया जो कि हिमावत पर्वत पर पहले ही भ्रूण का रूप ले चुका था। ऋषियों की निष्कासित छह पत्नियां (जो कृतिकाएं कहलाती हैं) इस बालक का पालन करने लगीं, जिसे उन्होंने विलक्षण रूप से जन्म दिया था। इस प्रकार शिव के यह पुत्र कार्तिक नाम से भी जाने गए। बालक की माताएं उसका एक साथ पालन-पोषण करती थीं और एक साथ दूध पिलाया करती थीं, इसी कारण उसके छह सिर विकसित हुए। इस कथा के कई रूपांतर है; किंतु प्रतीक के स्तर पर इसके अर्थ शिव की संतानों की दैवी वंशावली की ओर संकेत करते हैं। सप्तर्षि (सात ऋषि) लघु तारामंडल और दीर्घ तारामंडल (उर्सा मेजर और ग्रेट बेयर) के रूप में पहचाने जाते हैं और सात कृतिकाएं कोई और नहीं, कृतिका नक्षत्र (प्लाइडीज़) हैं। पार्वती पुत्र को अपनाती हैं और जब कार्तिक केवल सात दिन का ही था, तभी वह असुर तारक का वध कर देता है; इस प्रकार उसके जन्म के बारे में जो भविष्यवाणी की गई थी उसे वह पूरा करता है।

गणेश की कथा प्रतीक और पुराकथा दोनों के स्तर पर

उत्पन्न होती है और फिर पुनः समाज के विकास के स्तर पर उभरती है। मार्क्सवादी दार्शनिक व इतिहासकार डी.पी. चट्टोपाध्याय ने 'गज देव' गणेश की शिव के गणों के समान सामान्य स्थिति से ऊपर उठकर ब्राह्मण वर्ग और जन-साधारण के आराध्य सर्वशक्तिमान भगवान बन जाने के विकास की रूप रेखा खींची है।

गणेश से जुड़ी कथाएं बताती हैं कि उनका जन्म कई दुर्घटनाओं के परिणामस्वरूप हुआ, आमतौर पर शिव के क्रोधी स्वभाव और अनियंत्रित प्रकृति के कारण। उनमें सबसे अधिक प्रचलित कथा के अनुसार देवी पार्वती स्नान कर रही थीं, तब अपने शरीर के मैल से उन्होंने गणेश का निर्माण किया और उसमें प्राण फूंक दिए। वह आकृति (गणेश) पार्वती की शील रक्षा के लिए उनके धर्मविधि स्नान करने तक द्वारपाल के रूप में खड़ी थी। जब सर्वशक्तिमान शिव अपनी पत्नी से मिलने के लिए आए, तो द्वारपाल रूप में खड़े गणेश ने उन्हें रोका। गणेश निस्संदेह वही कर रहे थे जो उनसे करने के लिए कहा गया था, किंतु शिव अपने अपमान से क्रोधित हो गए, उन्होंने गणेश को सिर विहीन कर दिया। दैवी दंपती (शिव-पार्वती) में भयंकर कलह हो गया और पार्वती शोकातुर हो गईं। शिव को इस विद्वेष को समाप्त करना था इसलिए उन्होंने गणेश को पुनर्जीवित कर दिया, जिसका सिर अब भी कटा हुआ था। शिव ने गणों को आदेश दिया कि वे उत्तर की ओर जाएं और जो भी पहला जंतु मिले उसका सिर ले आएं। इस तरह एक हाथी को लाया गया, जिसका सिर और सूंड गणेश के सिर विहीन शरीर पर लगा दिया गया। हाथी के सिर वाला होने के कारण

वे गजानन कहलाने लगे। शिव की भूत-प्रेतों और गणों की सेना के मुखिया होने के कारण वे गणपति कहलाए। शिव के गण उनके अशुभ और अनिष्टकारी स्वरूप का और वे शिव का भयंकर या 'घोर' रूप का प्रतीक हैं। गणपति का साधारण गण की स्थिति से ऊपर उठकर एक महान देवता बन जाना जीवंत पुराकथा की गति और प्रवाह का उदाहरण है।

रॉबेर्त्तो कलासो अपनी शानदार पुस्तक *द मैरिज ऑफ़ कैडमस एंड हारमनी* में आदिकाल से ही स्नान करती देवियों को दुराग्रहपूर्वक देखे जाने पर विचार करते हैं और वे पाते हैं कि बीती हुई शताब्दियों में इसे कई तरह से दोहराया गया है; चाहे एक्टिऑन द्वारा आर्टेमिज़ को चोरी छुपे देखना हो, या एथेना टेरेसियास के द्वारा देखी गई हो अथवा पर्सिफ़ोनी को ज़्यूस की सर्वदृष्टा आंखों ने देखा हो, केवल पात्र बदल गए हैं। ऐसा लगता है मानो विश्व का कथा कहने वाला मस्तिष्क एक ही हो और देवी को स्नान करते देखना पुनर्जीवन का अनुष्ठान या अमर बनने की क्रिया का साक्षी बनने जैसा है।

भगवान शिव, उनके गणों तथा भूतों के प्रति बदलता दृष्टिकोण सामाजिक, सांस्कृतिक और आध्यात्मिक धारणा की प्रवृत्ति को दर्शाता है। पांचवी शती ई.पू. तक संभवतः गणेश को विघ्नेश्वर का पर्याय समझा जाता था अर्थात जो विघ्न-बाधाएं उत्पन्न करे। सभी बाधाओं को दूर करने के लिए उनकी स्तुति आवश्यक थी। इसके विपरीत, बल्कि दुराग्रहों के उलट-फेर में हिंदुत्व आस्था की टेढ़ी-मेढ़ी नदी पीछे की ओर मुड़ी, तो गणेश स्तुति का यह स्वरूप बदला और वे किसी भी नए कार्य की विघ्न-बाधाओं को दूर करने वाले 'विघ्नेश्वर' के रूप में स्वीकृत हो गए।

यद्यपि शिव लिंगवान भगवान हैं, तथापि संतानोत्पत्ति के प्रति उनकी उदासीनता और देवताओं और मुनियों द्वारा उन्हें उनकी जीवन-शक्ति के तेज (वीर्य) को दान करने के लिए किए जाने वाले प्रयासों ने कितनी ही पुरा कथाओं ओर आख्यानों की कथा वस्तु की रचना की है। पार्वती के शाप के फलस्वरूप देवी-देवताओं का संतानहीन रह जाना और शिव का इस नश्वर जगत के लिए अपने तेज (वीर्य) को रोक लेना कुछ और नहीं, शिव का ही एक अन्य पहलू है। पार्वती अपने बंध्यत्व (बांझ होने पर) पर कुपित हैं, क्योंकि वे प्रकृति हैं और उर्वरता (उत्पन्न करने की क्षमता) उनका स्वभाव है। फिर भी पार्वती के अवतार में वे शिव की शक्ति हैं और वे उसी प्रकार उनसे भिन्न नहीं हैं, जिस प्रकार शिव स्वयं से भिन्न नहीं है। तेजस्वी शिव स्वयं ज्योतिर्मय एवं नित्यस्वरूप हैं। उनके निज का आनंद देवी रूप में अभिव्यक्त है। शिव के योग और पार्वती की तपस्या के बावजूद हमेशा महादेवी के शाश्वत मिलन में ही उनका ईश्वरत्व है। इसी संदर्भ में डब्ल्यू.बी. यीट्स अपनी कविता 'मेरू पर्वत' में रहस्यवादी दृष्टिकोण से शिव का उल्लेख करते हुए कहते हैं, "सेल्फ बॉर्न मॉकर्स ऑफ मेन्स इंटरप्राइज़" यानी मनुष्य के पुरुषार्थ का उपहास करने वाले स्वयंभू।

हिंदू प्रतीक चित्रों में शिव के दैवी परिवार में हमेशा उपस्थित रहने वाला अन्य सदस्य है—नंदी, पवित्र पावन बैल। नंदी शिव के वाहन हैं, उनके गण हैं। उनके दैवी शरीर पर लिपटे सर्प की भांति नंदी शिव के पशुपतिनाथ रूप को प्रकट करते हैं। नंदी वृषभ या वृष भी कहलाते हैं, नंदी प्रतीक रूप में उसी कामुक और व्यग्र संदेशवाहक कामदेवता का प्रतिनिधित्व

करते हैं, जिसे शिव ने अपनी क्रोधित दृष्टि से जलाकर भस्म
कर दिया था। नंदी कभी-कभी मनुष्य के सिर वाले बैल के
रूप में भी चित्रित किए गए हैं। नंदी कृषि प्रधान समाज में
शुभ समझे जाने वाले लक्षणों जैसे—संततिवर्धक, सदाचार और
स्थायित्व का मूर्त रूप हैं। उनके अधिपति शिव को नंदीश्वर
अर्थात नंदी के स्वामी कहा जाता है।

आइए, हम नरमुंडों की माला धारण किए, सर्पों से लिपटे
परमयोगी शिव का ध्यान करें। उनकी भौंह के ऊपर जगमगाते
अर्धचंद्र से होकर देव सरिता गंगा बहती है। उनके पार्श्व
(बग़ल) में उनकी स्त्रैण शक्ति, महादेवी का अवतार पार्वती
विराजमान हैं। उनके समीप उनकी स्वयंभू संतानें गजवदन
(हाथी के मुखवाले) गणेश और ब्रह्मचारी योद्धा कार्तिक (स्कंद)
विराजमान हैं। सामने भूमि पर निश्चल निष्ठावान नंदी बैल बैठे
हुए हैं। यह दैवी परिवार अभी पूरा नहीं हुआ है, इसमें गण,
भूतों की सेना, प्रेत और पिशाच, वेताल और अन्य गौण
देवताओं आदि का समूह है जो इस सदा-संपन्न कुनबे को घेरे
हुए है। ये सब अशुभ, अशांत व कष्टप्रद शक्तियां विभिन्न
नकारात्मक ऊर्जाओं का निस्सरण और अनियंत्रित अप्रयुक्त तेज
का पुंज हैं जो जीवन की प्रत्येक परिस्थिति में वर्तमान हैं।

शिव की वंशावली में एक और महत्वपूर्ण सदस्य हैं—कुबेर,
धन के देवता। कुबेर प्राचीन वृक्षों और एकांत झीलों में निवास
करने वाली मायावी आत्माओं और गुप्त खजानों के रक्षक यक्षों
के स्वामी हैं। लोकप्रिय चित्रों में कुबेर को एक बड़े पेट, भैंगी
आंख और लंगड़ाकर चलने वाले व्यक्ति के रूप में चित्रित किया
गया है। वे बड़े उदार और दयालु हैं। कहा जाता है कि अपनी

शिव भक्ति के कारण वे शिव की पत्नी पार्वती के प्रति ईर्ष्यालु हो गए थे, वे यहां तक कहते थे कि उनका शिव-प्रेम पार्वती के प्रेम से भी महान है। उनकी इस धृष्टता से पार्वती क्रोधित हो गईं और उन्होंने उनकी बाईं आंख नोंच ली, जिसे बाद में उन्होंने फिर से लगा दिया। कुबेर को आज भी पिंगलाक्ष, पीली आंखों वाला कहा जाता है। वे संसार की धन-संपदा (ख़ज़ाने) के संरक्षक देव हैं और यह विलक्षण विसंगति आज भी उतनी ही अर्थपूर्ण है, जितनी पहले थी कि अपार धन-संपदा का स्वामी महायोगी शिव की आज्ञा का दास है।

शिव अपने भक्तों को, चाहे वे देव हों या दानव हों, बिना संकोच के अपनाते हैं। कहते हैं "जिसे सबने त्याग दिया उसे शिव अपना लेते हैं।" मानवशास्त्रीय समझ इस प्रक्रिया की वैसे ही व्याख्या करेगी जैसे पूर्ववर्ती संस्कृति और सामाजिक रीति-रिवाजों के सह विकास को अंगीकार किया गया है। शिव स्वयं पर्वतों से जुड़े जनजातीय देवता का प्रतीक हैं, अपने साथ गणों का जो एक पूरा कुनबा लाते हैं, उसको उनकी (शिव की) हिंदू मंदिरों में पूजा होने के कारण यथोचित स्थान मिल जाता है और वे भी हिंदू धर्म की मुख्यधारा में सम्मिलित हो जाते हैं। हिंदू धर्मकथाएं परम समन्वयवादी हैं और किसी भी चीज़ को अपने में समा लेने का बहुदेववादी अनुराग ही वह प्रेरक बल है जो संसार के सबसे पुराने जीवंत धर्म के फलने-फूलने के लिए उत्तरदायी है।

नीलकंठ

शिव का द्वैत (दो होने का भाव) अष्टमूर्ति के रूप में उनके शुभ और अशुभ पहलुओं को अज्ञेयता की शर्त पर ही समझा जा सकता है। समुद्र को मथे जाने पर निकले कालकूट विष को पीने की कथा सद् और असद् के बावजूद आश्चर्यजनक और विलक्षण अनासक्ति को दर्शाती है। प्राचीन काल में देव और असुर प्रभुत्व के लिए दीर्घकाल से चल रहे युद्ध में निमग्न थे। देवता परामर्श के लिए ब्रह्मा के पास गए कि इस गतिरोध को कैसे समाप्त करें। अंत में यह निर्णय हुआ कि दोनों पक्ष लड़ाई के बजाय एक-दूसरे को सहयोग देंगे। देवताओं ने असुरों को राय दी कि वे संयुक्त रूप से अमरत्व की सुधा अमृत के लिए समुद्र का मंथन शुरू करें।

कृत युग में संसार विष, जिसकी व्याख्या एकरूपता और मृत्यु के प्रतीक के रूप में की जा सकती है, प्रकट हुआ। कृत युग चारों युगों यथाः कृत, त्रेता, द्वापर और वर्तमान कलियुग में सबसे पहला है। कुछ बातों में ये कल्प या क्रमशः नैतिक रूप से क्षीण होते ये युग स्वर्ण, कांस्य और लौह युगों की ग्रीक अवधारणा से मेल खाते हैं। यह बात अभी तक अस्पष्ट है और व्याख्या के लिए खुली है कि मृत्युकारी विष पहले पहल तब प्रकट हुआ जब अमृत-प्राप्ति के लिए देवों और असुरों द्वारा समुद्र मंथन आरंभ किया गया था या शेषनाग सर्प ने समुद्र मंथन के समय मथनी की रस्सी की तरह उपयोग किए जाने पर हलाहल विष उगला था। शिव नीलकंठ के दिव्य रूप में जगत विष का पान करने वाले, पुकारे जाने पर शिव-महाकाल के रूप में युगों की समाप्ति पर काल-जगत को पी जाएंगे।

जीवन के मर्म और आधारभूत पहलुओं की इस गहरी सार्वभौमिक, पौराणिक सोच की ईमानदारी से व्याख्या की जानी चाहिए और कल्पना प्रवण लोगों की काल्पनिक उड़ानों के तौर पर इसे खारिज नहीं करना चाहिए।

देव और असुर समुद्र मंथन में सहयोगी थे, जबकि शिव मध्यस्थ के रूप में थे। हमेशा की तरह देवताओं ने अंत में चाल चली और छल-कपट से जीत गए। विष्णु ने वचन दिया था कि अमृत दोनों पक्षों में समान रूप से बांटा जाएगा, पर तभी उन्होंने सुंदर स्त्री मोहिनी का रूप धारण करके बहुमूल्य अमृत-सुधा देवताओं को पिला दिया।

समुद्र मंथन की कथा अनेक रूपों में मिलती है। विष्णु पुराण के अनुसार भगवान शिव ने जल से निकले अर्धचंद्र को ग्रहण किया और अपनी जटाओं में उसे स्थान दिया। इस कमान जैसे झीने चंद्रमा का वर्णन अर्धचंद्र की सोलहवीं कला के रूप में किया गया है, इस चंद्र का आकार घटता-बढ़ता नहीं है, बल्कि यह चंद्रमा के जगमगाते आकार का स्थायी भाग है। शिव के मस्तक से चंद्रमा की शीतल किरणें निकलती रहती हैं। चंद्रमा के पात्र में सोम अर्थात जीवन सुधा भरी रहती है। देवताओं ने समुद्र मंथन से अनेक बहुमूल्य निधियां प्राप्त कीं। इंद्र ने दिव्य हाथी ऐरावत प्राप्त किया, विष्णु ने लक्ष्मी को ग्रहण किया और उन्हें अपनी पत्नी बनाया, चालाक देवताओं ने कई अन्य रत्नाभूषण और सौभाग्य, प्रसन्नता और शक्ति प्रदान करने वाली वस्तुएं प्राप्त कीं। विष को केवल ज्ञानातीत, द्वैतता से परे शिव ने स्वेच्छा से पिया, वही विष जो अमरता की सुधा का अनिवार्यतः विपरीत प्रतिरूप है। जैसे ही उन्होंने कालकूट

पिया, तो विष के प्रभाव से उनके कंठ का रंग गहरा नीला हो गया। उनकी पत्नी पार्वती ने उन्हें सावधान किया कि यह प्राणनाशक विष उन्हें क्षति पहुंचा सकता है और विष को रोकने के लिए उन्होंने कसकर उनका गला पकड़ लिया। इस प्रकार परम कल्याणकारी भगवान शिव कंठ नीला होने के कारण नीलकंठ के रूप में जाने गए। लोकप्रिय धार्मिक चित्रों में प्रायः उनके कंठ को मोर जैसे गहरे नीले रंग का दिखाया जाता है। भगवानों और देवताओं के मध्य अकेले शिव ही ऐसे देव थे, जो महासमुद्र-मंथन से उत्पन्न हुई अनमोल निधियों के प्रति स्वार्थ और लोभ के वशीभूत नहीं हुए।

इस असंतुलन के परिणाम बहुत बड़े और दूरगामी थे। अशुभ ग्रह राहु ने किसी प्रकार अमृत पी लिया, हालांकि विष्णु ने बदले के तौर पर उसका सिर काट दिया, लेकिन चोरी से पिए गए अमृत के घूंट से प्राप्त अनुग्रह और वरदानों का उसने सदा के लिए आनंद उठाया।

प्राचीन कथाओं के अनुसार संभवतः एक वास्तविक भौगोलिक समुद्र मंथन हुआ था। प्राचीन जलाशयों के मंथन के पश्चात हिमालय पर्वत उभर कर बाहर आया था।

समुद्र पुत्र जलंधर ने जब सुना कि छल-कपट का सहारा लेकर उसके पिता से कई अनमोल निधियों को छीन लिया गया है तो उन्होंने बदला लेनी की ठानी, जिसके कारण देवताओं और दानवों में कई पुराण-प्रसिद्ध युद्ध हुए, जिनमें निस्संदेह शिव को ही विजय प्राप्त हुई, लेकिन जिनमें उन्हें छल और बल दोनों का सहारा लेना पड़ा। इन सभी कथाओं में शिव की विजेता ओर संरक्षक के रूप में दोहरी भूमिका रही। यह उनकी ही

सर्वव्यापकता और प्रभाव है कि देवताओं और असुरों के विपरीत बलों की संदिग्ध नैतिकताओं, नीतिपरक और आत्मिक धरातलों के मध्य समन्वय बना रहा है। भूतों-पिशाचों के स्वामी, श्मशान की भस्म से सुशोभित शिव ही एकमात्र ऐसी सच्चाई हैं जिसमें विश्व के विष को ग्रहण करने का सामर्थ्य है। उनका परम कल्याणकारी स्वभाव सभी नकारात्मक प्रवृत्तियों को आत्मसात करने के बावजूद नित्य स्वरूप की तेजस्विता और शुचिता पर आंच नहीं आने देता।

लोकप्रिय धर्मकथाएं

हिंदू धर्म एकेश्वरवादी धर्म नहीं है, यह पुराणों और धर्मग्रंथों की कई विपरीत और विरोधाभासी व्याख्याएं प्रस्तुत करता है। यह स्पंदनकारी बहुदेववाद इस बाह्य नश्वर जगत के विचारों की गहरी समझ से जुड़ी अनूठे अर्थों की अनेक एवं बहुविध व्याख्याएं प्रस्तुत करता है। इस संदर्भ में शिव के महान कार्यों से जुड़ी लोकप्रिय पुराकथाओं और धार्मिक कथाओं को परखना बहुत रुचिकर है।

समाज विज्ञानी व्याख्या के द्वारा शिव के गण और प्रमथ जनजातीय और आदिवासी मूल के हैं जो कई प्रकार से शमानी परंपराओं से बहुत नज़दीकी तौर पर जुड़े हुए थे और हिमालय के प्राचीन धर्म बॉन-पो के दानवों से संबद्ध थे। जब कभी देवता अपने ही द्वारा रचे गए छल-कपट और प्रपंचों के जाल में फंस जाते थे, तब वे शरण पाने के लिए भक्तवत्सल शिव की शरण में जाते थे जो अपने भक्तों की करुण पुकार को कभी अनुसना नहीं करते। देवताओं और दानवों की कभी न समाप्त होने वाली शत्रुता के अलावा धर्मग्रंथों में ऐसी कितनी ही कथाएं और संवाद हैं जिनसे पता चलता है कि देवताओं में आपस में भी मतभेद और तनाव बना रहता था। नीलिमा चिटगोपीकर उनके इस आपसी व्यवहार को विभिन्न भौगोलिक और जातीय मूल के देवताओं की 'अन्यत्व' की धारणा को एकीकृत और स्पष्ट करके देखने का प्रयास करती हैं और उन्हें सांस्कृतिक सम्मिलन और असमान मूलों (वंशों) के एकीकरण का प्रतीक कहती हैं। शिव से जुड़ी कथाएं इसी समझ के साथ

विश्लेषण करने पर ही रुचिकर और शिक्षाप्रद हैं। पुराण और उपनिषद निस्संदेह ऐसी कथाओं के मूल स्रोत हैं।

बहुस्तरीय और बहुवाचिक (कई प्रकार से कही जाने वाली) धार्मिक कथाएं एक विशाल धार्मिक साहित्य की रचना करती हैं जो सामाजिक और धर्मतंत्र के अवसरों के औचित्य के अनुकूल विकसित होती उपयुक्त और विपरीत व्याख्याओं के साथ ऐतिहासिक मर्म को अपने में समेटे हुए होती हैं। पुराणों की मौखिक और लिखित (गद्य रूप में) परंपरा प्राकृत कथाओं से आरंभ होती है जिनका धार्मिक सभाओं में पठन-पाठन किया जाता था, जिनको बाद में संस्कृत में लिपिबद्ध एवं अनूदित किया गया। इन कथाओं के इतने रूपांतर और व्याख्याएं हैं कि इनको अलग-अलग समझाना बहुत ही कठिन है। हिंदू धर्म कथाओं में निहित काल्पनिकता का अतिवादी ओजस्वी और विविधतापूर्ण स्वभाव पुराणों में अपने चरम रूप में दिखाई देता है। शिव पुराण शिव के विभिन्न रूपों और उनसे जुड़े देवी-देवताओं जैसे—सती-पार्वती, गणेश, स्कंद-कार्तिक और गणों से संबंधित होने के कारण ऐसी कथाओं से भरा पड़ा है।

आइए, त्रिपुर नगर के विनाश की कथा से शुरू करके कुछ और लोकप्रिय पौराणिक कथाओं का जायजा लें। यह कथा बहुविध अन्योक्तिपरक और लाक्षणिक अर्थों को समेटे हुए कई रूपों में दिखाई देती है। असुर तारक के तीन पुत्र थे—तारकाक्ष, विद्युन्माली और कमलाक्ष। ये तीनों असुर वीरोचित कार्यों को करनेवाले, संयमी और कठोर जप-तप में लगे रहने वाले थे।

इन तीनों की घोर तपस्या के कारण ब्रह्मा इनके सामने प्रकट हुए और वर मांगने को कहा। असुर दहकती गर्मी और हिम जैसे ठंडे पानी में खड़े रहे थे, भूखे-प्यासे रहकर उन्होंने संसार के सभी ऐश्वर्य और उपभोगों को इसी वर प्राप्ति के लिए त्यागा था। उन्होंने ब्रह्मा से अवध्यता (जो मारे न जा सकें) और अजेय नगरों जिनमें वे अपनी सेना को रख सकें, का वरदान मांगा।

ब्रह्मा उनकी इच्छा पूरी करने के लिए सहमत हो गए किंतु एक शर्त के साथ। उन्होंने कहा कि यदि वे कभी भी एक ही सीध में आ खड़े हुए तो वहीं पर केवल एक ही बाण उनका वध कर देगा। तीनों असुरों द्वारा बनाए गए नगर तीनों लोकों में प्रसिद्ध हुए। तारकाक्ष, कमलाक्ष और विद्युन्माली ने क्रमशः सोने, चांदी और कांस्य के बने नगरों पर शासन किया। वे न्यायप्रिय एवं सदाचारी थे, फिर भी वे देवताओं के स्वार्थ पर खरे नहीं उतरे। अतः देवताओं नें ब्रह्मा से याचना की कि उन्होंने इन तीनों असुरों पर जो अनुग्रह किया है, उसे वापस ले लें। ब्रह्मा ने यह कहकर अपनी विवशता जताई कि वे अपने भक्तों को दिए वरदानों को वापस नहीं ले सकते। तब ब्रह्मा के सुझाव पर देवता शिव के पास गए और इन परम शक्तिशाली असुरों का विनाश करने के लिए प्रार्थना की। असुर भी शिव की उपासना करते थे, इसलिए शिव ने उन्हें मारने से इंकार कर दिया। त्रिमूर्ति (ब्रह्मा, विष्णु, महेश) में से तीसरे भगवान विष्णु को इन असुर भाइयों को मारने के लिए किसी तरह राजी किया गया। देवताओं की चालें अक्सर धूर्तता भरी

रही हैं, उन्होंने विष्णु का सहारा लेकर असुरों के संचित सदगुणों को नष्ट करने का षडयंत्र रचा। यह बात अच्छी तरह जानते हुए कि इन असुरों की अजेयता शिव की निष्ठावान भक्ति से ही फलीभूत हुई है, विष्णु ने उनको शिव उपासना के सत्य पथ से विमुख करने और कुपथ पर चलाने का निश्चय किया। इस उद्देश्य की पूर्ति के लिए विष्णु ने भ्रम के आचार्य जो आरहत कहलाए, को उत्पन्न किया, जो उनके आदेश पर असुरों को पथभ्रष्ट करने के लिए जैन धर्म के उपदेश देने लगे। पौराणिक साहित्य ऐसा ही दावा करता है या हो सकता है कि उस समय फल-फूल रहे जैन सुधार आंदोलन को उखाड़ फेंकने के लिए यह सोचा-समझा प्रयास हो। विष्णु द्वारा उत्पन्न किए आरहत ने अपभ्रंश भाषा में सोलह श्लोकों के माया शास्त्र की रचना की। इस छद्म आचार्य ने असुरों की बुद्धि को शिव उपासना से विमुख करने के लिए एक भ्रामक दर्शन और दूसरे (वैकल्पिक) धर्म का उपदेश दिया और इस प्रकार उन्हें भगवानों और देवताओं की धूर्तता भरी चालों का शिकार होने के लिए छोड़ दिया।

छल ने अपना काम किया और नए धर्म को माननेवाले मठवासी सिर मुड़ाए उनकी (देवताओं की) योजनाओं को कार्यांवित होने देने के लिए 'कलयुग' के आगमन की प्रतीक्षा करने लगे। वाकपटु शरारती नारद मुनि की चालाकियां और धूर्तता भरी योजनाएं कई प्रसिद्ध धर्म कथाओं का केंद्र हैं, उन्होंने इस पथभ्रष्ट धर्म को अपनाने के लिए लोगों को ख़ूब उकसाया। त्रिपुर नगर में वैदिक क्रियाएं रुक गईं और शिव

ने भी अब इन असुर शासकों को अपना सुरक्षा कवच प्रदान नहीं किया। देवताओं ने दिव्य-शिल्पी विश्वकर्मा को भगवान शिव के लिए एक रथ निर्माण का कार्य सौंपा, जिसके सारथी ब्रह्मा थे। इस स्वर्ण रथ का दाहिना पहिया सूर्य और बायां पहिया चंद्र थे और इसकी रास देवताओं ने स्वयं थामी। शिव पशुपति के रूप में रथ पर आरूढ़ हुए और असुरों का सामना किया। अब तक जो असुर उनके संरक्षण में अजेय थे, उन्हें नष्ट करने के विचार मात्र से ही शिव का मन दुख और करुणा से विगलित हो गया। उनकी आंखों से बहे आंसू पवित्र रुद्राक्ष फल बन गए, जिसे शिव भक्त माला में पिरोकर पहनते हैं। शिव ने जैसे ही पशुपति अस्त्र को धनुष पर रखकर प्रत्यंचा (कजेरी) खींची, तीनों नगर नष्ट हो गए और पिनाक धनुष को धारण करने वाले शिव त्रिपुरारि या त्रिपुरंतक के नाम से विख्यात हुए।

इस कथा की व्याख्या कई स्तरों पर की जा सकती है। स्वर्ण, रजत और कांस्य नगरों को जीवन के तीन भौतिक तत्वों का प्रतीक समझा जा सकता है। शिव का बाण शरीर की केंद्रीय तंत्रिका तंत्र की गूढ़ चेतना जहां कुंडलिनी शक्ति अवस्थित है, का संकेत करता है। जिस प्रकार तीनों नगरों को शिव के बाण द्वारा ठीक प्रकार से लक्ष्य के रूप में साधा गया था, उसी प्रकार कर्मों और विचारों की एकाग्रता से मन को भी वश में किया जा सकता है।

दूसरे स्तर पर यह कथा सांस्कृतिक मेल-जोल की प्रक्रिया और चतुराई पूर्वक नवोदित जैन धर्म की निंदा को दर्शाती है।

जैन धर्म की बढ़ती लोकप्रियता हिंदू आस्थाओं को एक चुनौती थी। इस प्रकार धार्मिक कथाओं और दुष्प्रचार द्वारा इसका विरोध हुआ। पुराणों के मूल पाठ ऐसे क्रमिक क्षेपकों (मूल रचना में दूसरों द्वारा जोड़े गए अंश) और पुनर्व्याख्याओं के प्रति सदा से ही संवेदनशील रहे हैं। पुराणों के प्रारूप अपने आप में धार्मिक और नीतिपरक शिक्षाओं और लोक सुलभ मनोरंजन की मिली-जुली सामग्री के अनुरूप रहे हैं और इस प्रकार ये मूल पाठ किसी को भी ऊंचा उठा देने या नीचा दिखा देने, किसी को स्वीकार कर लेने और किसी को भी त्याग देने का सहज साधन बन गए। पुराण गल्प प्रधान और असंगत (विषय से भटके हुए) हैं, किंतु समग्रतः वे निर्दिष्ट सामाजिक सोच के प्रभावशाली रूप की रचना करते हैं और हिंदू धर्म कथाओं की व्याख्याओं और पुनर्व्याख्याओं के क्रमिक आवेगों को उजागर करते हैं।

भोगी और योगी

शिव के स्वभाव का मूल विरोधाभास, प्रतिमाओं में दर्शाया गया उनका कामुक स्वभाव और उनके कर्मों और दर्शन में निहित उनके तापसी स्वभाव के बीच जो परस्पर विरोध है, उसका सारांश नौ सौ ईस्वी में कभी रची गई एक कविता के इस अनुवाद में बड़ी सुंदरता से प्रस्तुत किया गया है। कवि शिव का ध्यान लगाता है:

दिगंबर हैं वे तो प्रयोजन क्या शरासन से
थामी जो कर में चाप तो, क्यों मगन हैं भस्म रमाने में
अंग भभूत रमाई तो क्यों जगी लालसा नार से
जो संग किया है नारी का, कैसा विराग अनुराग से

शिव की लिंग रूप में लोक प्रचलित पूजा-अर्चना के कारण यह लोकप्रिय भ्रामक धारण बनी कि शिव प्रजननक्षम और कामुक देवता हैं। सटीक धार्मिक व्याख्या की वास्तविकता से परे कुछ भी नहीं हो सकता। महायोगी शिव कामना के शत्रु, वासना का दमन करने वाले और काम (अनुरक्ति) को जीतने वाले हैं। उनका शरीर राख से सना हुआ है, राख कामनाओं के पूर्ण विरोध का संकेत करती है, भस्म अथवा राख वास्तव में अग्नि, पुरुषत्व और प्राण-शक्ति सत्व है और फिर भी इसके निषेध का बोध कराती है। राख का प्रयोग ऑस्ट्रेलिया के मूल निवासियों में प्रचलित 'ऐश वेडनेसडे' (राख बुधवार) और ईसाई धर्म में प्रायश्चित की आध्यात्मिक संकल्पना से लेकर कई संस्कृतियों में पाप का प्रायश्चित करने के लिए भिन्न प्रकार से होता है। राख या भस्म शुक्र (वीर्य) तथा पुरुषोचित जीवन

शक्ति की विपरीत छवि है। यद्यपि शिव लिंगराज हैं, फिर भी उनका सार और वास्तविकता भस्म है। शिव के योग और अज्ञेयता में अंतर्निहित 'मरण में जीवन' और 'जीवन में मरण' की लाक्षणिकता का प्रणय के देवता कामदेव और भगवान शिव के साथ हुए उनके संघर्ष की कथा में भली-भांति चित्रण हुआ है। पौराणिक गद्यों में कामदेव की कथा के कई रूपांतर हैं। उनमें से अधिकांश यही बताती हैं कि कामदेव के पुष्प-बाण ब्रह्मा की अनुचित काम वासना को भड़काते हैं, इसके पश्चात क्रोधित शिव द्वारा वे भस्म कर दिए जाते हैं।

रुद्र की तरह कामदेव भी धनुर्धर थे, किंतु दोनों के लक्ष्य और लक्ष्य-पथ सदैव एक-दूसरे से अलग थे। शिव से संबंधित ऐसी कई कथाओं में से एक शिव के भोग और योग के आवेग के बीच के विरोधाभास को बड़े मोहक ढंग से चित्रित करती है। एक दिन महायोगी शिव कैलाश पर्वत पर बैठे हुए परमब्रह्म के ध्यान में लीन थे। भयंकर शीत ऋतु थी, हिमालय की पर्वत श्रृंखलाएं भी शीत से थर-थर कांप रही थीं, किंतु फिर भी यह शीत भगवान शिव के कठोर तप से कम ही थी। हमेशा की तरह चिंताग्रस्त देवताओं को किसी संकट के निवारण हेतु शिव के परामर्श की आवश्यकता थी, इसके लिए उन्होंने प्रणय के देवता कामदेव को शिव का ध्यान भंग करने के लिए नियुक्त किया। कामदेव वसंत (वसंत ऋतु का मानवीकृत रूप) के साथ कैलाश पर्वत पहुंचे। जैसे ही दोनों वहां पहुंचे, वृक्षों और लताओं पर फूल खिल उठे और प्रकृति की समस्त शक्तियां मिलकर कामना और कामेच्छा को उत्तेजित करने लगीं। शिव ने आंखें खोलीं और इस असामायिक वसंत के आगमन पर चकित हुए।

कामदेव ने अपने पुष्प-बाणों से इस परमयोगी पर लक्ष्य साधा जिसके परिणामस्वरूप उनमें काम भाव का संचार हुआ। अपने ध्यान में उत्पन्न इस अनुचित हस्तक्षेप से कुपित शिव ने इस व्यवधान के लिए दोषी कामदेव को पहचान लिया। उनके तीसरे नेत्र से प्रचंड ज्वाला निकली और कामदेव राख में परिवर्तित हो गए। कामेच्छा के मूर्तरूप कामदेव की पत्नी रति ने शिव से क्षमा याचना की और कामदेव को पुनर्जीवित करने के लिए प्रार्थना की। पुनर्जीवित कामदेव मानव मन में छुपी कामनाओं के साथ मानव शरीर के जननांगों में अवस्थित हुआ। कामदेव के संहारक के रूप में शिव कामांतकारी के नाम से जाने जाते हैं, वे जो समस्त कामनाओं का अंत करते हैं। शिव द्वारा कामदेव को भस्म करने के बाद उनके तीसरे नेत्र से निकली अनियंत्रित भीषण ज्वाला समस्त संसार का विध्वंस करने लगी। ब्रह्मा ने किसी प्रकार इसे वश में किया और कालिख (कालिमा) के रूप में समेट कर सागर तट पर ले गए। सागर ने ब्रह्मा से पूछा कि उनका मंतव्य (इच्छा) क्या है? ब्रह्मा ने सागर से विश्व का अंत होने तक इस प्रचंड ज्वाला को अपने भीतर संजोए और सुरक्षित रखने का अनुरोध किया। कामना की मौलिक और चिरस्थायी प्रकृति का यह भावप्रवण पौराणिक रूप केवल शिव द्वारा अपने संयम से इसका दमन करने के उनके स्वभाव को उजागर करता है।

यह मात्र ऊपरी विरोधाभास है कि महायोगी शिव लिंग, पुनर्जीवन तथा साथ-ही-साथ मृत्यु के भी देवता हैं। पौराणिक कथाओं के बहुरूपी स्वभाव, उनके परस्पर विरोधी विचारों, उनके आश्चर्यजनक और परस्पर सम्मिलित सूक्ष्म और व्यापक

विचारों से जो कोई भी परिचित है, वह शिव की संपूर्णता में निहित उनके योगी और भोगी स्वरूप के विरोधाभासों के समक्ष नतमस्तक हो जाता है। बुद्धि-संपन्न लोगों को संभवतः दुष्कर और पेचीदा लगने वाली बातें हिंदू पौराणिक कल्पनाओं की प्रामाणिक और स्पष्ट वास्तविकताएं है। अन्य संस्कृतियों को प्रायः इन विरोधाभासों को समझने और स्वीकार करने में कठिनाई होती है। हिंदू धर्म के एक उत्साही विद्यार्थी एबे.जे. ए. डुबोइस ने उन्नीसवीं सदी के आरंभ में अपनी क्षोभ पूर्ण प्रतिक्रियाएं व्यक्त की हैं। दिगंबर शिव के प्रति उनकी रोषभरी प्रतिक्रिया का एक उदाहरण प्रस्तुत है, "हिंदू पुस्तकों में विरोधाभासों की भरमार है, जिसमें एक ओर तो किसी तपस्वी को अपनी कामवासना का दमन न कर पाने के कारण दंड दिया जाता है, वहीं दूसरी ओर कुछ मुनियों के व्यभिचार के कारनामों को हम उत्साह और प्रशंसा की व्यंजनाओं से जुड़ा पाते हैं। हज़ारों साल तक चलने वाले व्यभिचार के ये कारनामे (हास्यास्पद प्रसंग) बिना किसी रोक-टोक के चलते हैं और सबसे कमाल की बात यह कि उनके इस अदम्य पुरुषत्व का श्रेय कथित तौर पर उनकी पवित्र योग साधना को दिया जाता हैं।" श्रीमान एबे के पवित्र एकेश्वरवादी मन को निश्चय ही इस लज्जाजनक कृत्य से ठेस पहुंची होगी, उनका रोष करना सर्वथा उचित था।

यद्यपि शिव के स्वभाव के विरोधी पहलू उनके आंतरिक एकत्व के केवल बाहरी तौर पर दिखने वाले विपरीत पक्ष हैं, लेकिन फिर भी वैदिक और तांत्रिक विचारधारा की व्याख्याओं के आधार पर उनमें सूक्ष्म अंतर है। पाशुपत शास्त्र जीवात्मा

(पाशु) के माध्यम से सांसारिक बंधनों (पाशु) से मुक्ति के शैव मार्ग की व्याख्या करता है और भगवान (पति) वैदिक और अवैदिक परंपरा के घटते-बढ़ते अर्थ-भेदों से अतिरंजित हैं। स्वयं पाशुपत शास्त्र को तीनों वेदों से बाहर और वैदिक क्रियाओं को दर्शाने के अयोग्य बताया गया है। नास्तिक संप्रदायों जैसे वामपंथ या वाममार्गी और तांत्रिक संप्रदाय के लोग शिव को दिव्य मुक्तिदाता के रूप में पूजते रहे हैं। परंपरावादियों ने वामपंथियों या वाममार्गियों को जैनों के अरहत की भांति परंपरावादियों को भ्रमित करने और उनके विनाश के लिए सुनियोजित रूप से उत्पन्न किए जाने का दोषी ठहराया। शिव के इस तांत्रिक स्वरूप की उपासना का पेचीदा व्यापक दृष्टिकोण तांत्रिकों की आधारभूत समानांतर वास्तविकताओं और तार्किक ढांचे को स्वीकार न कर पाने के कारण रूढ़िवादी वाचिकता और कुतर्कों की पहुंच से लगभग पूरी तरह बाहर है। धार्मिक चिंतन के इस मत को मोटे तौर पर भस्म की अवधारणा से भली-भांति समझा जा सकता है, जो (भस्म) एक ही समय में तत्व और सत्व दोनों है। शिव पुराण में कई प्रकार की भस्मों का वर्णन है। महाभस्म के तीन प्रकार हैः श्रौत (वैदिक) स्मार्त (स्मृति कृत्यों से उत्पन्न) और लौकिक (साधारण आग से बनी)। माथे पर लगाई जाने वाली भस्म त्रिपुंड कहलाती है और यह यजमान के पाप कर्मों और धार्मिक अनुष्ठान में हुई त्रुटियों का शमन करती है। तांत्रिक क्रियाओं में प्रायः श्मशान भूमि से लाई गई भस्म का प्रयोग मृत्यु में निहित जीवन के विपरीत, जीवन में निहित मृत्यु को दर्शाने के लिए किया जाता है, जो कि कामवासना का मूल सिद्धांत है।

ग्रीक मिथक के अनुसार कामवासना और मृत्यु के देवता इरोस एवं थानेटस पैर–पर–पैर रखकर आगे-पीछे चला करते थे, मृत्यु और कामवासना का ऐसा विरोधाभासी एकात्म और मान्यता केवल हिंदू दर्शन और पुराणों में ही नहीं है। यह मानवीय स्थिति के मूलभूत विरोधाभासों में से एक है और संभवतः शिव जीवन और मृत्यु की अंतः प्रेरणा के एकत्व का एकमात्र विस्मयकारी प्रतीक हैं। विरोधाभास की भाषा और आभासी विपरीतताएं सदा ही दुर्बोध रहस्यमयी वास्तविकताओं को सुगम बनाने में सहायक रही हैं। शिव उपासना में तर्कहीन धार्मिक विधि-विधानों का अनुसरण ऐसी ही सच्चाई है जो सामाजिक रूप से स्वीकृत विधि-विधानों और आचरणों को नकारने के बावजूद यथार्थ और आस्था के अन्य वैकल्पिक स्तरों में प्रवेश कर जाती है। शिव के अनुयायी स्वयं महायोगी शिव से ही प्रेरणा लेते हैं। वे शिव जैसा ही आचरण करने लगते हैं। दारुवन में ऋषि पत्नियों का शील-भंग करते हुए शिव का इस प्रकार वर्णन है; 'कहीं वे प्रचंड एवं भयंकर रूप से अट्टहास करते हैं, कहीं वे विस्मित होकर गाने लगते हैं, कहीं कामुक भावों को व्यक्त करते हुए वे नृत्य करने लगते हैं। कहीं पर वे लगातार गाते ही चले जाते हैं।' सूत्रों के अनुसार पाशुपत एवं शिव के उपासकों को यह निर्देश है कि वे ऐसा व्यवहार करें कि उनके आसपास रहने वाले लोग उनका अपमान और निंदा करें। ये सब उनकी गोपनीय दीक्षा का हिस्सा है कि वे जनसाधारण की घृणा का पात्र बनें। इस प्रकार बड़ी चतुराई से वे अपने बुरे कर्मों को अपने निदंकों को हस्तांतरित कर सकते हैं। ये सब पूर्ववर्ती शामानिक और भक्तिपरक विचारधाराएं संसार से विरक्ति और मुक्ति प्राप्त करने के साधन हैं।

दुर्दमनीय अहम को वश में करने के ये साधन उन कामनाओं के रूपों का दमन करने में सहायता करते हैं जो शारीरिक और सांसारिक भोगों की तुष्टि करते हैं। विरक्ति के ये साधन दैनिक सच्चाई को अस्वीकार नहीं करते, बल्कि सिर्फ़ उनकी उपेक्षा करते हैं। फिर भी तपश्चर्या की अन्य निषेधात्मक धाराओं के विपरीत तांत्रिक पद्धति न केवल सभी निषेधों को स्वीकार करती है, बल्कि सांसारिक जीवन के यथार्थ का सामना भी करती है। पांच रहस्यमय मकारों जैसेः मदिरा, मत्स्य, मांस, मैथुन और मुद्रा (शराब, मछली, गोश्त, संभोग और मुख, हाथ आदि की विशेष भावसूचक स्थिति) का प्रयोग मन की अन्य दशाओं में प्रवेश करने के लिए अनुभूति के तीव्र उद्दीपन के लिए किया जाता है। तांत्रिक संप्रदाय की विचारधारा और क्रियाओं में शिव के योगी और भोगी दोनों विपरीत आवेगों का सर्वाधिक संयुक्त रूप में समन्वय हुआ है। भगवान शिव की वैदिक या दक्षिणपंथी उपासना पद्धति वामपंथी तांत्रिक पद्धति या वामाचारियों से बिल्कुल भिन्न है। श्मशान भूमि में फिरने वाले शिव के गूढ़ रूप की तांत्रिक विधानों द्वारा उपासना की जाती है, जो इस पद्धति से अनभिज्ञ (अदीक्षित) लोगों को व्यभिचार पूर्ण, शव-कामुकता से भरी हुई और एकदम वीभत्स प्रतीत होती है लेकिन अपनी मौलिक और तात्त्विक आस्थाओं के रूप में यह गहन अद्वैत दर्शन के अनुरूप है। कापालिक और अगम, अघोर, कालमुख, और वीरशैव जैसे संबद्ध संप्रदाय गोपनीय रहस्यवादी मार्गों का अनुसरण करते हैं, जिनका उद्देश्य ही यह है कि जो उनके गोपनीय दर्शन और प्रथाओं आदि की दीक्षा के योग्य नहीं हैं, उन्हें हतोत्साहित किया जाए और अपने

आप से दूर रखा जाए। यह एक बड़ी आश्चर्यजनक और उलझन भरी बात है कि तांत्रिक संप्रदाय के लोग अपनी असलियत छिपाकर कुछ और दिखने की कोशिश करते हैं। बुद्धि के परम स्तर पर सामाजिक स्वीकृतियां और वर्जनाएं अपनी पवित्रता और प्रासंगिता खो देती हैं। जो वास्तव में व्यक्तिगत तौर पर साथ ही साथ एक कृतसंकल्प जिज्ञासु के रूप में अलख और अज्ञात को जानना चाहते हैं, उन्हें यह विशेषाधिकार है कि वे एक आदमी की आकांक्षाओं के अनुकूल इस सामाजिक समूह और ढांचे को छोड़कर शक्ति के पथ पर आगे चल पड़ें। ये संप्रदाय दैहिक और मानसिक अनुभूतियों के मिलाप से शामानिक मर्मों के वैकल्पिक और वास्तविक सह-अस्तित्व के स्तरों को प्राप्त करने का प्रयास करते हैं।

सात्त्विकता और विलासिता की विपरीत प्रवृत्तियां (विरोधाभास) केवल तभी विचित्र लगती हैं, जब उन्हें ईसाईयत के नकारवादी (निषेधात्मक) सांचे में ढाल कर देखा जाए। पेगन (ग़ैर ईसाई, ग़ैर यहूदी, ग़ैर इस्लामिक, अनेकेश्वरवादी और मूर्ति पूजक) समाज ऐसे किसी भी विरोधाभास को नहीं जानता था और वासना का परिष्कार कभी भी यौन-जीवन का निषेध नहीं था, बल्कि उसका गतिमान होना था। समूचे भारतवर्ष में भगवान शिव की वंशावली से जुड़ी स्वयं प्रसूत और दिलचस्प जनजातीय कथाएं और मान्यताएं प्रचलित रही हैं, जिनका नए घटनाक्रमों को जोड़कर कई रूपों में वर्णन किया गया है, किंतु इन कथाओं में कहीं भी आध्यात्मिक और रहस्यवादी विचारधारा के प्रतीक शिव के अलौकिक स्वरूप को नकारा नहीं गया है।

दारुवन में शिव

दारुवन में शिव-कथा शिव और शैव दर्शन में सिमटे हुए योग और भोग के मनोवेगों और वैदिक-तांत्रिक व्याख्याओं के बीच के सभी विरोधाभासों को स्पष्ट करती है। इस कथा की शुरुआती घटनाओं का पता पौराणिक कथा के अतीत से लगाया जा सकता है।

ओरायन (मृगशिरा) नक्षत्र को ब्रह्मांडीय आकृति प्रजापति (मृग) के रूप में देखा जाता था। वासंतिक विषुव में जब मृगशिरा नक्षत्र (प्रजापति) अलदेबरान (रोहिणी) की ओर बढ़ता है, जो वार्षिक चक्र के पूरा होने का प्रतीक है, तब रुद्र शिकारी की तरह प्रजापति रूपी मृग पर अपना निशाना साधे हुए होते हैं। नक्षत्रों की गतियों के साथ पौराणिक सत्य की संगति बिठाना प्राचीन कथाओं की एक नियत विशेषता है।

भैरव-शिव ब्रह्मा का पांचवां सिर काट लेते हैं, इस प्रकार वे स्वयंभू परम एकात्म की चेतना को भंग करके उसे सृजन की अस्त-व्यस्त अभिव्यक्ति में रूपांतरित कर देते हैं। इसमें विरोधाभास यह है कि असृजित (अजन्मे) की पूर्णता को कभी रिक्त नहीं किया जा सकता, इसलिए यह प्रवाहित होकर सृष्टि के सभी रूपों में व्याप्त हो जाती है, विशेषकर उन रूपों में जो शिव-भैरव-रुद्र के अभिव्यक्त स्वरूप का प्रतीक हैं।

ब्रह्मा का सिर कटकर गिरा और वे मृत हो गए। कटा हुआ सिर भैरव की बाईं हथेली से चिपक गया और कई बार छुड़ाने पर भी नहीं छूट सका। परम पिता की हत्या का पाप और उससे भी बढ़कर ब्रह्म-हत्या के जघन्य पाप का प्रायश्चित (पौराणिक जानकारी में ऐसी घटनाएं काफी आम हैं) करने के

लिए महादेव के रूप में भैरव-शिव ने कापालिक व्रत धारण किया कि अब वे इस घोर पाप के प्रायश्चित के लिए उस खोपड़ी के भिक्षापात्र में तब तक भीख मांगेंगे, जब तक ब्रह्मा का कंकाल रूप उनके हाथ से छूटकर गिर नहीं जाएगा और उनके पाप का शमन नहीं हो जाएगा। इस प्रकार शिव महादेव-काल भैरव के रूप में पितृहत्या और ब्रह्महत्या के संयुक्त जघन्य पाप के प्रायश्चित के लिए तीनों लोकों में भ्रमण करने लगे। भिक्षापात्र के समान ब्रह्मा के कपाल को हाथ में लिए हुए वे देवदार के वन, दारुवन में जा पहुंचे। देवदार का वृक्ष सभी वृक्षों में पवित्र है। 'देवदार' शब्द का अनुवाद 'देवताओं के वन' के रूप में किया जा सकता है। यज्ञ की पवित्र आग के रूप में अवतार लिए हुए अग्नि ने जब अपना शरीर त्यागा तो उनकी अस्थियां देवदार के तने के रूप में परिवर्तित हो गई थीं। इसीलिए हिमालय पर्वतमाला पर कड़ाके की ठंड में भी देवदार की पत्तियां नहीं गिरतीं।

दारुवन के आश्रमों में कई ज्ञानी और सिद्ध ऋषि-मुनि रहा करते थे, किंतु उनमें से अधिकतर आत्मानुभूति एवं मोक्ष प्राप्ति की साधना की अपेक्षा बाहरी आडंबरों और कर्मकांड में लिप्त रहते थे। ये ऋषि-मुनि यद्यपि एकांतवासी थे, तथापि सन्यासी नहीं थे, क्योंकि उन्होंने अपनी पत्नियों और परिवार को त्यागा नहीं था। भगवान शिव भिक्षा पाने के लिए उनके आश्रम में पहुंचे। तपस्या के तेज से उनका शरीर स्वर्ण की भांति दमक रहा था और यह समझ पाना मुश्किल था कि वे असाधारण रूप से सुंदर हैं या वीभत्स रूप से कुरूप हैं।

पौराणिक गद्य उनके रंग-रूप का कुछ अधिक ही खुलकर वर्णन करते हैं, "उनकी जननेंद्रिय और अंडकोष लाल खड़िया की भांति थे और सिरे काली और सफ़ेद खड़िया से विभूषित थे।" आश्रम की सभी स्त्रियां नग्न देह पर भस्म मले हुए इस अति सुंदर युवा योगी के मोहक आकर्षण पाश में बंध गईं। परम ज्ञानी ऋषियों की पत्नियां और पुत्रियां इस दिगंबर भिक्षु के अभिवादन के लिए दौड़ पड़ीं। इन स्त्रियों का अंतर्ज्ञान कर्मकांडों के प्रभाव से अछूता था, इसलिए उन्होंने जटाधारी, उन्नत जननेंद्रिय वाले, भस्म-भूषित काया वाले, वाम (बाएं) हस्त में कपाल धारण किए शिव के वीभत्स रूप के बावजूद उनके महादेव-काल भैरव स्वरूप को पहचान लिया। यह तो स्पष्ट था कि ऐसा व्यक्तित्व किसी तपस्वी और संयमी का ही हो सकता था, किंतु उनके इस मानवीय रूप में निहित ओज (जीवन-शक्ति) ने कुलीन पत्नियों और स्त्रियों को उन्मादी कर देने वाली कामना से भर दिया। ग्रीक देवता डियोनिसियस से शिव की तुलना और स्त्रियों के उन्माद की डियोनिसिक उन्माद की दशा से तुलना असंगत नहीं है। ऋषियों की कुलीन पत्नियां शिव को अर्पण करने के लिए फल-फूल लेकर आईं। जब वे महादेव के समीप पहुंचीं तो अपना संयम खो बैठीं, उनका हाथ अपने हाथों में लेकर उनका ध्यान अपनी ओर खींचने लगीं। अपने आभूषणों, वस्त्रों और सुध-बुध को बिसारकर वे हाथ में कपाल थामे उस अपरिचित दिगंबर का आलिंगन करने लगीं। क्रोध से भरे ऋषियों के पहुंचने तक अनेक प्रतीकों से भरी यह कथा अपरिहार्य रूप से चलती रहती है। उनका वर्षों का एकांतवास,

साधना और कठोर तपोमय जीवन सब उनकी कुलीन स्त्रियों के अकथनीय दुराचरण के कारण नष्ट हो गया था। चकराए हुए, दुखी, किंकर्तव्यविमूढ़ और क्रोध से भरे ऋषियों ने उस दिगंबर आगंतुक का नाम और परिचय पूछा। अनभिव्यक्त (अजन्मे) के अभिव्यक्त स्वरूप के लिए नाम और परिचय अर्थहीन होते हैं। इसलिए शिव-महादेव-काल भैरव चुप थे। अवतारी शिव ने ऋषियों की परीक्षा ली, जिसमें वे असफल हो गए। वे शिव के ईश्वरत्व को समझ या पहचान नहीं सके। अपनी पत्नियों और पुत्रियों के विपरीत जिन्होंने शिव के देवत्व को पहचान लिया था, शिव की माया से भ्रमित ये ऋषि-मुनि उन्हें अपनी पत्नियों का शील-भंग करने वाले संदिग्ध रूप से वहां पहुंचे अपरिचित आगंतुक के रूप में ही देख सके। असीम क्रोध से भरे, बल्कि वास्तव में उसी उन्माद से ग्रस्त जिसने उनकी स्त्रियों को भटकाया था, उन्होंने शिव के शरीर से उनके लिंग को नोंच डाला।

भिक्षाटन पर निकले परम भिक्षु स्त्रियों की आराधना और ऋषियों के क्रोध दोनों ही अवस्था में भावशून्य थे। उनका अंतर्मन पूरी तरह शांत था, इसलिए वे स्वयं में परितुष्ट थे।

वामन पुराण में इस कथा को हम दूसरे रूप में पाते हैं। सती की मृत्यु के शोक में डूबे शिव पृथ्वी पर भटकते हुए दिखाई देते हैं। कथा के दोनों ही रूपों में शिव ऋषियों द्वारा स्वयं को अपमानित होने देते हैं, क्योंकि वामपंथियों या वाममार्गियों की यही रीत है कि वे स्वयं को दूसरों की निंदा का पात्र बनाकर उनके तिरस्कार को धैर्यपूर्वक सहन करें। कई

अन्य कथाओं में शिव के लिंग को उनके शरीर से उखाड़ फेंका जाता है, कभी स्वयं के द्वारा और कभी वे क्रोधित ऋषियों को नोंचकर उखाड़ फेंकने देते हैं।

उनके शरीर से लिंग-विच्छेद की अनभिव्यक्त वास्तविकता की तपोमय निरंतरता से कामुकता के आवेग, वासना और ओज (पौरुष) के अलग हो जाने के रूप में व्याख्या की जा सकती है। यह गूढ़ विरोधाभारी व्याख्या वास्तव में एकदम सरल है। यह महामाया, जड़ता और असत्य बोध का ही एक अन्य उदाहरण था, जो सभी भ्रामक पदार्थों में सम्मिलित रहती है। स्त्रियों ने शिव में निहित ओज (पौरुष) को देखा, वे उसके परे उनके सभी कामनाओं और भ्रमों का अंत करने वाले अंतर्ज्ञात अंतक स्वरूप को नहीं देख सकीं।

जैसे ही शिव का लिंग पृथ्वी पर गिरा, सभी चल और अचल वस्तुएं नष्ट हो गईं। लिंगहीन होने पर भी शिव को कभी नपुंसक देव नहीं माना जाता। प्रजनन के प्रत्यक्ष प्रतीक के उनके शरीर से अलग हो जाने पर भी वे कहीं से अपूर्ण नहीं हैं। स्टैला क्रैमरिच इसे "मानवीय गुणों से युक्त उनके शरीर का प्रतीक" कहती हैं, जिसे लिंग के गुणों और प्रतीकार्थ से रहित और युक्त दोनों रूपों में समझना चाहिए। कथा के अनेकानेक रूपों में से एक के अनुसार दारुवन आश्रम के ऋषियों को महादेव-भैरव के जाने के बहुत देर बाद पता चला कि कापालिक के वेश में स्वयं महादेव वहां पधारे थे। सिद्ध ऋषि अत्रि की पत्नी अनसूया अशुभ सूचक लक्षणों और शकुनों को समझ गईं और उन्होंने ऋषियों को इस बात से

अवगत कराया। पश्चाताप से भरे हुए ऋषि-मुनि ब्रह्मा के पास गए और उनसे राय मांगी, फिर उनके आदेशानुसार लिंग पूजा का विधान प्रतिष्ठित हुआ। कथा एक और रूप में आगे बढ़ती है, एक बार फिर शिव-महादेव दारुवन में आए, इस बार उनकी अर्धांगिनी पार्वती उनके साथ थीं। माया का स्वभाव भी क्या विलक्षण है कि महादेव सदैव की भांति भस्म रमाए हुए, रक्ताभ नेत्र लिए हुए, अपनी भुजाओं में प्रज्ज्वलित लुआठी (सिरे पर जलती हुई लकड़ी) थामे हुए थे और वही ऋषि अनसूया द्वारा बोध कराने और ब्रह्मा के आदेश पर अब हाथ बांधे शिव के आगमन पर उनकी आवभगत के लिए तत्पर थे। उन्होंने उनसे आशीर्वाद मांगा और पूछा कि वे किस सर्वोत्तम रीति से उनकी पूजा-उपासना करें। शिव ने उन्हें आदेश दिया कि वे उनके स्वरूप में चित्त को एकाग्र करने के लिए पाशुपत व्रत का पालन करें। यद्यपि शिव और उनकी पत्नी वहां से चले गए, तथापि ऋषि-मुनि उनकी तेजस्वी और विस्मरणीय छवि के अतिरिक्त कुछ भी नहीं देख सके। यह अति सूक्ष्म व्यंग्योक्ति है जो सृष्टि की उत्पन्न और अनुत्पन्न, अभिव्यक्त और अनभिव्यक्त, सहज और असहज तथा पूर्ण और अपूर्ण व्याख्याओं की समस्त चेष्टाओं को दर्शा रही है। मिथ्या रूपों और कामना के आवरण को भेदकर आत्मतत्व तक पहुंचना सरल नहीं है। दैवी उन्माद से युक्त, अहंकार का नाश करने वाले, मोह को नष्ट करने वाले, अभयंकर स्वरूप देव की आराधना सरल या सुखकर नहीं है। वे न ही सापेक्षतावाद (वह सिद्धांत जिसमें दो बातें या

वस्तुएं एक दूसरे पर अपेक्षित हों) और न ही ब्रह्मवाद (वेदांत) के आचरण की इच्छा प्रकट करते हैं। वहां न कोई आचार संहिता है, न कोई निश्चित वैचारिक रूप है, न किसी स्वर्ग या नर्क की प्रत्याशा है, यदि है तो केवल मनुष्य की दृढ़ दृष्टि और नग्न भिक्षु के रूप में शरीर पर राख मले, करतल में खींसे निपोरता हुआ कपाल थामे उसके भगवान, जो उसकी नश्वरता और शाश्वतता दोनों का पूर्वाभास कराते हैं।

शिव के कल्याणकारी या प्रलयंकारी रूप, उनके उज्ज्वल और दुर्बोध पहलुओं की व्याख्या की अस्पष्टता को इस कथा की रूपरेखा के माध्यम से भली प्रकार प्रस्तुत किया गया है। कर्मकांडों में लिप्त रहने वाले ऋषि-मुनि शिव-महादेव-भैरव के नग्न रूप का केवल दोषपूर्ण अर्थ लगा सके और उनकी स्त्रियों, जिन्होंने संभवतः कम विवेक और तर्क बुद्धि का सहारा लिया था, ने सहज रूप से उनके परमात्मा रूप को स्वीकार किया। दोनों के बीच प्रत्यक्ष-बोध का अंतर पूरी तरह स्पष्ट है। यहां पर यह स्पष्ट करना आवश्यक है कि गोपनीय कापालिक आचारों का मूल सिद्धांत, समर्पण और प्रतिरोध दोनों से युक्त दैवी उन्माद का विरोधाभासी सिद्धांत, उसके ही जैसे दूसरे संप्रदायों की गूढ़ रहस्यवादी साधना पद्धति में दिखाई पड़ता है। इस सबके बावजूद यह कहा जा सकता है कि यह धार्मिक चिंतन किसी नीतिपरक, नैतिक या पूर्ण विश्व दृष्टि से मेल नहीं खाता। यह अनुभवजन्य और अस्तित्ववादी बोध के परमानंद और भय का सिद्धांत है, जिसका ध्येय अनासक्ति उत्पन्न करना है। भोग और योग के संघर्ष की

विचारधारा में ऊपरी तौर पर दिखने वाली विपरीतताओं और विरोधाभासों को इसी संदर्भ और समझ के आधार पर समझना चाहिए।

इस मूल कथा की कई अन्य व्याख्याएं और प्रमाण हैं, जिन्हें लोगों ने अपने मनोभावों के अनुसार गढ़ लिया है, ठीक उसी प्रकार जैसे आश्रम के ऋषियों और स्त्री-समुदाय ने अपनी व्यक्तिगत और आत्मपरक अनुभूतियों के अनुसार शिव की व्याख्या की। कुछ कथाओं में शिव ने ऋषियों की पत्नियों को भ्रष्ट किया तो कुछ में उन्होंने उनका तिरस्कार किया और प्रेमातुर बना कर छोड़ दिया। कुल मिलाकर उन्होंने आत्मसंतोष की पूर्ण भ्रांति से भरे उनके पवित्र जीवन को झकझोर दिया।

शिव-पूजा

शिवलिंग जिसे शिव ने अपनी इच्छा या अनिच्छा से दारुवन में पृथक कर दिया था, उनके स्वरूप के प्रत्यक्ष प्रतीक के रूप में पूजा जाने लगा। प्रत्येक शिव मंदिर के पवित्र गर्भ स्थल में पत्थर के लिंग को योनि या भग (भग-शिश्न या गर्भाशय) को व्यक्त करने वाले प्रतीकात्मक आधान (पात्र) में स्थापित किया जाता है। लिंग की पूजा स्वयंभू अर्थात् स्वयं उत्पन्न पत्थर के रूप में की जाती है। लिंग परम पुनीतता का पिंड है, यह किसी भी पदार्थ जैसे—मिट्टी, धातु या क़ीमती पत्थर का बना हो सकता है। नर्मदा नदी के किनारे ओंकारेश्वर जैसे स्थानों पर यह प्रकृति द्वारा गढ़े हुए स्फटिक (बिल्लौर) के रूप में मिलता है। संस्कृत शब्द 'लिंग' की व्युत्पत्ति जटिल अर्थों से भरी पड़ी है। लिंग शाब्दिक तौर पर केवल जननेंद्रिय का ही बोध नहीं कराता है, यह वह शब्द है जिसे लिंग या स्त्री-पुरुष की विशेषताओं के भेद को बताने वाले चिन्ह 'लक्षण' के रूप में भली प्रकार अनूदित किया जा सकता है।

शिव का स्तंभ रूप, स्थानु अथवा महापाषाण तुंब जैसा स्तंभ कई प्राचीन धार्मिक प्रणालियों में ईश्वरत्व का सामान्य प्रतीक था। बाद में यह अपने आप जनन-क्षमता के प्रतीक वीर्य (बीज) धारक लिंग के रूप में रूपांतरित हो गया, जिसके साथ भगवान शिव का इतना विरोधाभासी संबंध था। शिव वीर्य के वाहक हैं जिसे वे अपनी इच्छा से मुक्त या वश में कर सकते हैं। वस्तुतः प्रतीक और लाक्षणिक रूप में शिवलिंग के विच्छेद और पृथक्करण के साथ शिकारी रुद्र द्वारा अपने बाण से व्यभिचारी प्रजापति के शिकार के साथ जो चक्र शुरू हुआ, वह स्वेच्छा से यौनांग के पृथक होने के साथ समाप्त हुआ। जैसे ही लिंग पृथ्वी पर गिरा, सृष्टि की दैदीप्यमान आभा से दमकता

हुआ वह मार्ग में आने वाली प्रत्येक वस्तु को जलाने लगा। अंतर्रात्मा की गहन रात्रि में जहां नारकीय उच्छवास और अशुभ शक्तियां स्वयं को प्रकट करती हैं, तब यह प्रज्ज्वलित प्रकाश स्तंभ तीनों लोकों की सीमाओं को लांघकर अपनी विस्मयकारी भव्यता के साथ संपूर्ण ब्रह्मांड में विस्तृत हो जाता है। इसने जल को मधुरता प्रदान की और जड़ वस्तुओं में प्राण फूंके। जब युग, ब्रह्मांडीय कल्प स्वयं को व्यक्त और पुनर्व्यक्त कर रहे थे, तब लिंग रूपी स्तंभ ने ब्रह्मांडीय निशा को प्रकाशित करते हुए, ब्रह्मा और विष्णु जो अपनी-अपनी श्रेष्ठता पर बहस कर रहे थे, को इसके स्रोत का पता लगाने के लिए बाध्य कर दिया। ब्रह्मा ने वन्य हंस का रूप धारण कर, तीनों लोकों में जहां तक संभव था, उड़ान भरी, किंतु इसके ओर-छोर का पता लगाने में स्वयं को असमर्थ पाया। विष्णु हज़ार साल तक समुद्र की गहराई नापते रहे, किंतु न काल और न ही आकाश इस गूढ़ दृश्य को परिभाषित कर सके। पराजय स्वीकार करने के बाद उन्होंने भगवान शिव के अकथनीय महिमा रूपी लिंग को अपने सम्मुख देखा। इस प्रकार शिव के पवित्र शक्ति का प्रत्यक्ष मूर्तिमान यह वही शिवलिंग था, जो मंदिर के पवित्रतम स्थान में स्थानु के प्रतीक रूप में, ओज (वीर्य) को दिव्य रूप में संतुलित रखने वाले परम पावन पत्थर के रूप में स्थापित किया जाता है।

लिंग सदा ऊर्ध्वाकार होता है, किसी योगी के शिश्न की भांति ऊपर की ओर संकेत करता, जिसमें आदिम लिंग की स्मृति में वीर्य ऊपर की ओर गमन कर रहा है। यह ऊर्ध्वाकार पत्थर है, स्वयंभू है, स्व-अस्तित्वमान और चिरस्थायी है। मानव प्रकृति में विद्यमान जीवन और मृत्यु के आवेगों की अभिव्यक्ति

और अनाभिव्यक्ति का यह स्थायी प्रतीक शिव के परम स्वत्व को श्रद्धेय बनाता है। यह शिव की किसी भी मानवतारोपी छवि से अधिक सशक्त एवं पवित्र है।

इस प्रतीकात्मक विचारधारा की रहस्यवादी और आवेशी प्रकृति को पवित्र हिंदू साहित्य में बारंबार दोहराया गया है। लिंग शब्द का भाषाशास्त्रीय अर्थ, लिंग भेद के चिन्ह या अन्य लाक्षणिक गुणों का संकेत करता है। सूक्ष्म रूप से यह उपर्युक्त तात्विक गुणों और उनकी मूर्त अवस्था की कामना को भी सूचित करता है। इस प्रकार यह पुण्य अग्नि स्तंभ स्वरूप पवित्र लिंग शिव के वीर्य का आगार (भंडार) भी है।

शिव ज्योतिर्मय सौंदर्य को साकार करता यह लिंग दिव्य लिंग या दैवी स्तंभ के रूप में भी चर्चित है। संसार के उद्गम और उत्पत्ति का मूल स्वरूप होने के कारण यह आधार स्तंभ या मूल स्तंभ भी कहलाता है। स्टैला क्रैमरिच के अनुसार विच्छिन्न लिंग (शरीर से अलग हुआ) का अग्नि और फिर प्रकाश रूप में रूपांतरित होना, किसी योगी की उन्हीं अनुभूतियों के अनुरूप है, जिसमें उसका शरीर शरीर का निर्माण करने वाले तत्वों को आत्मसात करता है और अग्नि निर्मित शरीर को प्राप्त हो जाता है। "अग्नि शिखा के भीतर से शिव का आविर्भाव, ज्योति और प्रकाश स्तंभ आदि... ये सब यौगिक अनुभूतियों के आवेग हैं।"

सोमवार ग्रेगेरियन कैलेंडर में परंपरागत रूप से शिव का पवित्र दिन है। इस दिन भक्तजन (स्त्री और पुरुष दोनों) पूरे दिन उपवास करके महायोगी शिव की पूजा-अर्चना करते हैं।

समस्त हिंदू समाज में शिव मंदिरों में शिवलिंग पर दूध चढ़ाया जाता है और उन्हें प्रसन्न करने के लिए बेलपत्र अर्पित किए जाते हैं। शिव की पूजा-अर्चना के लिए तीन वस्तुओं को परम आवश्यक समझा जाता है, वे तीन वस्तुएं–बेलपत्र (एग्ले मार्मेलॉस), रुद्राक्ष के दाने (एलियोकार्पस स्फ़ेरिकस) और पवित्र राख या भस्म हैं। ऐसा कहा जाता है कि शिव के साथ संभोग के समय देवी को हुए स्वेद (पसीने) से बेल वृक्ष उत्पन्न हुआ। रुद्राक्ष वृक्ष से प्राप्त होने वाला पवित्र रुद्राक्ष शिव के अश्रुओं से उत्पन्न हुआ था। रुद्राक्ष के दानों में लोक प्रचलित जाति व्यवस्था के क्रम का आभास होता है। श्वेत रुद्राक्ष के दाने ब्राह्मण, लाल क्षत्रिय, पीले वैश्य और काले दाने शूद्र हैं। रुद्राक्ष के दाने अपनी प्राकृतिक मुखाकृति के अनुसार भी वर्गीकृत किए जाते हैं। एकमुखी रुद्राक्ष स्वयं शिव हैं। दोमुखी ईशान और चौमुखी ब्रह्मा का प्रतीक हैं। पंचमुखी या एकादश (ग्यारह) मुखी रुद्र, षटमुखी कार्तिक, नौमुखी भैरव और दशमुखी भगवान विष्णु के व्यक्तित्व को बताते हैं। ग्यारहमुखी रुद्राक्ष शिव के सर्वोत्तम गुणों को धारण किए हुए हैं।

अग्नि का सार अथवा अग्नि स्वरूप होने के कारण शिव की पूजा-विधियों में भस्म का बड़ा अनोखा स्थान है। यह मानवीय कार्य-कलापों के आदि और अंत का बोध कराती है, ऐसा ही शिव भी करते हैं, जिन्हें यह प्रमुदित और प्रसन्न करती है।

शिव से जुड़ा सबसे पावन पर्व फाल्गुन मास (कभी-कभी फ़रवरी और मार्च के मध्य पड़ने वाला) में कृष्ण पक्ष की त्रयोदशी को मनाया जाता है। इसे शिव की महान रात्रि या महाशिवरात्रि कहते हैं। शिवरात्रि का दिन पूजा-अर्चना और

उपवास में बीतता है, जैसे ही रात होती है, शिव की शक्तियां उन्मुक्त होकर विश्व में विचरती हैं। महाशिवरात्रि की रात ही वह समय है, जब शिव के गण, प्रमथ और अन्य सभी अंतरंग-अनुचर तीनों के मध्य एक आवरण फैला देते हैं, तब भूत-प्रेम, पिशाच और बेताल आदि पृथ्वी पर विचरण करते हैं। बेलपत्र ओर आम्र-पल्लव (आम के पत्ते) शिवलिंग पर चढ़ाए जाते हैं। नारियल को वस्त्र में लपेट कर पीतल के कलश के ऊपर रख दिया जाता है। नारियल के रेशे महायोगी की जटाओं का प्रतीक हैं और नारियल पर बने तीन काले निशान भगवान शिव के तीन नेत्रों को बताते हैं। शिवलिंग को गाय से उपहारस्वरूप प्राप्त होने वाली पांच पवित्र वस्तुओं— दूध, तक्रम (मट्ठा), मक्खन, गोमूत्र और गोबर (ये पांच वस्तुएं पंचगण्य कहलाती हैं) से स्नान कराकर पूजा जाता है। इसी प्रकार दूध, दही, घी, मधु और तुलसी पत्र, ये पांच दिव्य व्यंजन (पंचम) भी चढ़ाए जाते हैं।

श्रावण मास भी शिव का पवित्र मास है, विशेषकर इस मास की एकादशी या ग्यारहवीं तिथि। इस दिन ग्यारह या चवालीस पुजारियों का समूह मिलकर रुद्र-शिव का आह्वान करते हुए पवित्र श्लोकों और मंत्रों का जाप करते हैं। कामनाओं को पूर्ण करने वाली कामधेनु गाय से उत्पन्न ग्यारह सहायक रुद्र ग्यारह प्राण ऊर्जाओं का प्रतीक हैं। महाशिवरात्रि को विशाल देवकुल के तैंतीस कोटि देवी-देवताओं की आराधना भी की जाती है। उनमें से ग्यारह रुद्र, आठ वसु, बारह आदित्य और आठ आश्विन हैं। रुद्र विविध रूपी हैं और सभी आपस में जुड़े हुए हैं। रुद्र के विविध रूपों का वर्णन इस प्रकार है:

अज-एकपादः एक पैर वाले अज (बकरा) के रूप में रुद्र अनंत का प्रतीक हैं व अग्नि तत्व का प्रतिनिधित्व करते हैं। **अहिर बुधन्य या अहि-वृतः** आदिकालीन समुद्री अदजहे के रूप में जल तत्व का प्रतीक हैं। **त्वष्ट्र या बहुरूपः** मॉर्फियस (निद्रा के यूनानी देवता) की–सी छवि जो निरंतरता और परिवर्तन की प्रक्रिया को दर्शा रही है।

विरूपाक्षः दृष्टि की आत्मनिष्ठता का प्रतीक है और जिसका "ऐसा नेत्र जो विभिन्न रूपों का निर्माण करता है" शाब्दिक अनुवाद किया जा सकता है। **रैवतः** प्राणी जगत के अधिष्ठाता नक्षत्र रेवती और जीवन-शक्ति के पोषण के प्रतीक पुषण के परम पावन रुद्र। **हारः** रैवत के विपरीत यह संहारक हैं, जीवन और काल को क्षीण करने वाले। **त्रयंबकः** रुद्र का त्रिनेत्र रूप, तीन की संख्या के विविध आध्यात्मिक पहलुओं का प्रतीक, जिसमें चेतना की तीन अवस्थाएं–जागृत, स्वप्नमय, निःस्वप्न और क्रमशः जीवन, मन और पदार्थ का प्रतिनिधित्व करती तीन दिव्य माताएं–अंबा, अंबिका, अंबालिका सम्मिलित हैं। **सवित्रः** दैदीप्यमान रुद्र, सूर्य से उसकी पोषण शक्ति प्राप्त करने वाले। **जयंतः** विजेता, देवराज इंद्र में निहित दिव्य जीवन शक्ति (वीर्य, ओज) का प्रतीक, संसार को चलाने वाली मूल शक्ति। **अपराजितः** जो कभी पराजित न हो, भगवान विष्णु की सकारात्मक ऊर्जा से व्युत्पन्न। अपराजित रुद्र प्रकृति की मूलभूत शक्ति को निरूपित करते हैं, जयंत और अपराजित मिलकर संसार की लय को बनाए रख़ते हैं। **पिनाकीः** धनुष धारण किए हुए शिव का एक संहारक रूप। शिव का परम शक्तिशाली धनुष पिनाक वह अस्त्र है जिसके माध्यम से वे काल को वश में किए हुए हैं।

बारह ज्योतिर्लिंग

शिव की पूजा-उपासना के विविध रूप देश भर में फैले असंख्य मंदिरों में दिखाई पड़ते हैं, इनमें से बारह ज्योतिर्लिंगों को सबसे पवित्र माना जाता है। ज्योतिर्लिंग के स्वरूप में शिव ज्योति और अग्नि के रूप में पूजे जाते हैं। ज्योतिर्लिंग को दैवीय रूप से उत्पन्न माना जाता है और प्रत्येक ज्योतिर्लिंग की उत्पत्ति के साथ एक अनोखी किंवदंती जुड़ी हुई है। ये दिव्य लिंग उत्तर में उत्तरांचल के केदारनाथ से सुदूर दक्षिण में तमिलनाडू के रामेश्वरम तक फैले हुए हैं।

सोमनाथः बारह ज्योतिर्लिंगों में सबसे विशिष्ट ज्योतिर्लिंग सोमनाथ गुजरात के सौराष्ट्र प्रांत में है। ऐसा कहा जाता है कि सोम (चंद्रमा का मानवीकृत रूप) जो चंद्र के नाम से भी जाने जाते हैं, का विवाह दक्ष की सत्ताइस पुत्रियों के साथ हुआ था। सोम रोहिणी को सबसे अधिक चाहते थे, इस कारण शेष बहनों ने पिता दक्ष से चंद्र की शिकायत की। दक्ष ने सोम को यक्ष्मा (क्षमा रोग) हो जाने का शाप दिया, इस पर सोम देव ने उनसे क्षमा याचना की। दक्ष ने रोहिणी और सोम से इसी स्थान (जहां यह ज्योतिर्लिंग स्थित है) पर तप करने को कहा। उन्होंने चार हज़ार वर्षों तक तप किया। उनके कठोर तप के समाप्त होने पर शिव इतने प्रसन्न हुए कि वरदान देने के लिए स्वयं प्रकट हुए। उन्होंने वर देते हुए कहा कि अब से चंद्र मास के पंद्रह दिन बढ़ेंगे और शेष पंद्रह दिन घटेंगे और ऐसे पूरी तरह उनका क्षय नहीं होगा। शिव के प्रति कृतज्ञ सोम ने वहां लिंग की स्थापना की। बाद में यह स्थान सोमनाथ के नाम से विख्यात हुआ, क्योंकि यही वह स्थान है जहां सोम या चंद्र ने अपनी, कांति (चमक) पुनः प्राप्त की थी।

मल्लिकार्जुनः मल्लिकार्जुन तीर्थ आंध्रप्रदेश में कृष्णा नदी के किनारे स्थित है। एक किंवदंती के अनुसार चंद्रगुप्तपुर के राजाओं में एक राजा थे, जो अपनी ही पुत्री से प्रेम करने लगे, इस पर उनकी पुत्री से शाप दिया और वे नदी में डूब गए। इसके पश्चात वह स्त्री संसार के बंधनों को त्यागकर साध्वी बन गई। वह वहां के ग्वालों के साथ रहने लगी। एक दिन उसने देखा कि घास चरकर लौटने वाली एक गाय विशेष के थन हमेशा दूध से खाली रहते हैं। खोजबीन करने पर उसने पाया कि वह गाय लिंग पर दूध चढ़ाती है। उसी रात शिव उसके स्वप्न में आए और उसे बताया कि वे उसी लिंग में विद्यमान हैं। तब उसने उस लिंग के ऊपर एक मंदिर बनवाया और उस पर मल्लिका (वन मल्लिका सोनजूही) के फूल चढ़ाकर उसकी पूजा की और इसे मल्लिकार्जुन नाम दिया। कहते हैं कि इस मंदिर में भक्तजनों की निश्छल मनोकामनाएं पूर्ण होती हैं।

महाकालेश्वरः पावन उज्जैन नगर में क्षिप्रा नदी के तट पर स्थित महाकालेश्वर मंदिर मध्यप्रदेश के मुख्य धार्मिक आकर्षणों में से एक है। एक लोककथा के अनुसार भगवान विष्णु और भगवान शिव यहां पर मिले थे और पवित्र बेलपत्र अर्जित करके उन्होंने एक-दूसरे की पूजा की थी। एक अन्य कथा वेदप्रिय नामक ब्राह्मण, जो कृष्ण के गुरू संदीपनी के आश्रम के समीप रहा करता था, से जुड़ी एक घटना को बताती है एक राक्षस ने नगर को अपने अधीन करने का प्रयत्न किया और ब्राह्मण कोई सेना न होने के कारण असुरक्षित थे। इसी ज्योतिर्लिंग के स्थान पर उन्होंने भगवान शिव से रक्षा करने की प्रार्थना की। जब राक्षस ने आक्रमण किया, तब उसके नीचे की ज़मीन फट

गई और शिव महाकाल के भयंकर रूप में प्रकट हुए और तत्काल राक्षसों की सेना और राक्षसों को भस्म कर दिया। तब से यह ज्योतिर्लिंग महाकालेश्वर के रूप में जाना जाता है।

ओंकारेश्वरः ओंकारेश्वर नर्मदा और कावेरी नदियों के संगम पर विद्यमान है। यह एक मील लंबा और आधा मील चौड़ा पवित्र ओम अक्षर के आकार का एक टापू है। यहां प्रतिदिन बाइस भक्तों द्वारा बनाए गए तीस हजार मिट्टी के दीयों से लिंग की पूजा की जाती है। इस स्थान से जुड़ी एक बड़ी रोचक कथा है। नारद मुनि ने विंध्य पर्वत की पवित्र मेरू पर्वत से तुलना करते हुए यह कहकर उपहास किया कि वे कभी भी मेरू पर्वत के दिव्य स्तर तक नहीं पहुंच सकेंगे। विंध्य पर्वत ने भगवान शिव से निवेदन किया कि वे किसी भी प्रकार उनकी सहायता करें और यह सब उन्होंने ओंकार में मिट्टी के लिंग का निर्माण करते हुए किया। यह भी कहा जाता है कि सूर्यवंश के राजा मांधाता ने इसी स्थान पर एक सौ यज्ञ करवाए थे।

केदारनाथः उत्तरांचल के टिहरी-गढ़वाल ज़िले में स्थित केदारनाथ देश के परम पावन तीर्थ स्थलों में से एक है। ऐसा कहा जाता है कि पांडव यहां कई बार आए थे। कुरुक्षेत्र में कौरवों पर विजय प्राप्त करने के बाद पांडवों ने काशी में शिव की आराधना के माध्यम से भ्रातृहत्या के पाप का प्रायश्चित करने का उद्योग किया। शिव प्रकट नहीं हुए और पांडव पूजा-उपासना में लगे रहे। शिव ने उनकी भक्ति की परीक्षा लेने के लिए काशी को छोड़ दिया और केदारनाथ में एक बैल के रूप प्रकट हुए। भीम ने उन्हें पहचान लिया और उनका पीछा किया, किंतु शिव पृथ्वी पर कूदे और अंतर्धान हो गए, वहां केवल बैल का कूबड़ रह गया जिसे आज भी एक लिंग के रूप में पूजा जाता

है। बैल के शरीर के अन्य अंग अलग-अलग दिशाओं में छितरा गए। मुख रुद्रनाथ में, उदर मदमहेश्वर में, लटें कल्पेश्वर और बांहें आदि तुंगनाथ में गिरे। ये सभी पांच तीर्थ जिनमें केदारनाथ सबसे पवित्र है, सामूहिक रूप में पंचकेदार के नाम से जाने जाते हैं। यही वह स्थान है जहां पार्वती ने शिव के साथ अर्धनारीश्वर रूप में संयुक्त होने के लिए भगवान शिव की आराधना की थी। एक अन्य कथा बताती है कि कैसे विष्णु के दो अवतारों नर और नारायण ने बद्रीनाथ में शिव की आराधना की और केदारनाथ में ज्योतिर्लिंग के रूप में सदा निवास करने की प्रार्थना की। ऐसा भी कहा जाता है कि आदिगुरू शंकराचार्य वन गमन से कभी न लौटने के पूर्व आख़री बार यहीं देखे गए थे।

भीमशंकरः भीमशंकर महाराष्ट्र में खेड़ के निकट भावगिरि में सहयाद्रि पर्वतमाला में स्थित है। यह भीम नदी का उद्गम स्थल भी है, जो यहां से दक्षिण-पूर्व की ओर बहती हुई रायपुर के समीप कृष्णा नदी में मिल जाती है। दंतकथा कहती है कि शिव ने यहां सहयाद्रि पर्वत के शिख़र पर भीम के रूप में निवास किया था और त्रिपुरासुर से युद्ध के बाद उनके शरीर से जो स्वेद (पसीना) बहा था, उसने भीमरथी नदी का रूप धारण कर लिया।

काशी विश्वेश्वरः काशी विश्वेश्वर बनारस के रूप में भी जाना जाता है। कहा जाता है कि यह संसार का प्राचीनतम सांस्कृतिक नगर है और भारतवर्ष के समस्त तीर्थ स्थलों में सबसे पावन है। काशी में स्थापित ज्योतिर्लिंग ब्रह्मांडीय डिंब के रूप में पूजे जाते है। केवल यहीं पर शिव सांसारिक

भोग-विलासों और मोक्ष के प्रदाता के रूप में पूजे जाते हैं। इसलिए पार्वती ने अपने विवाह के बाद निवास-स्थान के रूप में काशी को चुना। पार्वती यहां अन्न प्रदान करने वाली देवी अन्नपूर्णा के रूप में समादृत हैं क्योंकि जब तक उनका प्रत्येक भक्त भोजन न कर ले, तब तक वे स्वयं कुछ भी ग्रहण नहीं करती हैं। कहा जाता है कि उस समय काशी में दिवोदास नामक राजा शासन करता था, किंतु शिव द्वारा काशी को अपना निवास स्थान चुनने के बाद भी वह उसे छोड़ने को तैयार नहीं था। शिव ने उसके मन में ऐसा भाव उत्पन्न किया कि वह संसार से विरक्त हो गया और उसने शीघ्र स्वयं काशी को छोड़ दिया। कहते हैं कि काशी में ज्योतिर्लिंग की स्थापना शिव ने स्वयं की थी।

त्र्यंबकेश्वर: त्र्यंबकेश्वर महाराष्ट्र के नासिक शहर के निकट है। इसकी उत्पत्ति की कथा गौतम ऋषि से जुड़ी हुई है। कहते हैं कि वे यहां अपनी पत्नी अहिल्या के साथ रहते थे। उन पर गोहत्या का पाप कैसे लगा, इस कथा के भी कई रूपांतर है। एक कथा के अनुसार भयंकर सूखा पड़ने के कारण गौतम ऋषि ने कुछ ऋषियों की और उनके परिवार को अपने यहां शरण दी, किंतु गौतम ऋषि के शिष्यों द्वारा कुएं से पानी लेकर आने में हुई देरी के कारण ऋषियों की पत्नियां रुष्ट हो गईं। सूखा समाप्त होने के बाद ऋषिगण वहां से चलने को तैयार हुए, किंतु गौतम ऋषि ने उन्हें रोका, इस पर ऋषियों ने बहाना सोचा। ऋषियों के कहने पर गणेश जी आश्रम के पास गाय के रूप में घास चरने लगे, जब गौतम ऋषि ने उसको भगाना चाहा, तो वह मर गई। इस गोहत्या के पाप से छुटकारा पाने

के लिए, उन्होंने गंगा से प्रकट होने की प्रार्थना की, किंतु गंगा ने मना कर दिया। इस पर शिव ने त्र्यंबकेश्वर के स्थान पर स्वयं अपनी जटाओं को छुपा लिया और गंगा को यहां प्रवाहित होने के लिए बाध्य किया और गंगा को गोदावरी नाम दिया। एक अन्य कथा यह कहती है कि वरुण देव ने गौतम ऋषि को यह वरदान दिया था कि उनका अन्न-भंडार (लोक प्रसिद्ध अक्षयपात्र) सदा खाद्य और अन्न से भरा रहेगा। दूसरे ऋषि उनके इस सौभाग्य से ईर्ष्या करने लगे। उन्होंने एक गाय को उनके अन्न-भंडार में भेजा, जब गौतम ऋषि उसे भगाने का प्रयत्न करने लगे, तो वह वहीं पर मर गई। तब भगवान शिव गंगा की मदद से उनके पाप का शमन करने के लिए उनकी सहायता को प्रकट हुए थे और त्र्यंबकेश्वर के रूप में वहां निवास किया था। यहीं पर हर बारह वर्षों के बाद सिंहस्थ पर्वणी होती है, जब वृहस्पति ग्रह सिंह राशि में प्रवेश करता है। इसे बहुत शुभ समय माना जाता है, क्योंकि ऐसा विचार है कि पृथ्वी का समस्त पवित्र जल कुशावर्त तीर्थ में इकट्ठा हो जाता है। यह एक कुंड है जिसके चारों ओर सीढ़ियां बनी हुई हैं। यह स्थान जहां अंततः गौतम ऋषि गंगा को पृथ्वी पर ला सके, परम पवित्र माना जाता है।

वैद्यनाथः मराठवाड़ा के बीड जिले में स्थित वैद्यनाथ दैवी चिकित्सक वैद्यनाथ का प्रतीक माना जाता है और यह अच्छे स्वास्थ्य और दीर्घायु से संबंधित है। यहीं पर ऋषि मार्कंडेय को भगवान शिव ने स्वयं मृत्यु से बचाया था। यह तीर्थ भगवान शिव के परम भक्त रावण से भी संबंधित है। रावण भगवान शिव के ध्यान में लीन हो कर प्रार्थना कर रहा था

कि वे लंका आएं, ताकि उसका साम्राज्य अजेय हो जाए।
अपनी उमंग में वह कैलाश पर्वत को ही उठाने की चेष्टा करने
लगा ताकि उसे लंका ले जा सके। शिव क्रोधित हो गए और
उसे केवल एक ही अंगुली से मसल दिया। रावण त्राहि-त्राहि
करने लगा और दया की याचना करने लगा। भगवान शिव
द्रवित हो गए और उसे ज्योतिर्लिंग प्रदान करने तथा उसे अपने
साथ ले जाने देने के लिए सहमत हो गए, किंतु साथ ही उसे
यह चेतावनी भी दी कि यदि रास्ते में उसने ज्योतिर्लिंग को
कहीं भी भूमि पर रखा, तो इसे दोबारा उठा पाना असंभव
होगा। जब रावण वापस अपनी राजधानी जाने लगा, तो जल
देवता वरुण उसके शरीर में प्रवेश कर गए और रावण को
तीव्र लघुशंका की अनुभूति हुई। उसने इससे निवृत्त होना चाहा।
उसी समय भगवान विष्णु एक छोटे बालक के रूप में प्रकट
हुए और उससे कहा कि वह उसके लघुशंका से निवृत्त होने
तक इस ज्योतिर्लिंग को थामे रहेंगे। रावण जैसे ही गया विष्णु
ने तुरंत ज्योतिर्लिंग को भूमि पर रख दिया, जिसके कारण वह
वहीं पर जम गया। रावण इतना क्रोधित और निराश हुआ कि
अपनी इस मूर्खता के पश्चातापस्वरूप उसने अपने दस सिरों
में से नौ काट गिराए। तभी शिव दिव्य चिकित्सक वैद्यनाथ के
रूप में प्रकट हुए और उसके सिरों को फिर से जोड़ दिया एवं
इस ज्योतिर्लिंग को वैद्यनाथ नाम दिया।

नागनाथः नाम से ही पता चलता है कि नागनाथ भगवान शिव
के नागों का स्वामी होने से संबंधित है। शिव ने असुरों की
पूजा से प्रसन्न होकर उन्हें एक वरदान दिया था। किंतु असुरों
ने पूजा-अराधना करते रहने की बजाय देवताओं को सताना
आरंभ कर दिया। असुर दारुका और उसकी पत्नी दारुकी

दारुकावन नामक स्थान पर रहते थे, जहां देवता सताए जाने के भय से प्रवेश नहीं किया करते थे। यहीं पर असुरों ने शिव की आराधना आरंभ की, उनके ओम नमः शिवाय मंत्र के जाप के उच्चारण की गूंज इतनी तीव्र थी कि उसने कैलाश पर्वत पर विराजमान शिव को भी विक्षुब्ध कर दिया। वे उन्हें दंड देने के लिए चल पड़े। इस समय वे सर्पों या नागों से विभूषित थे। इस रूप में वे नागेश्वर के नाम से जाने जाते हैं। उन्होंने दारुका का वध किया जो उनके भक्त सुप्रिय को सता रहा था और दुष्ट प्रवृत्तियों के विनाशक के रूप में ज्योतिर्लिंग में निवास करने लगे। यह भी कहा जाता है कि नागेश्वरी के रूप में पार्वती भी इस ज्योतिर्लिंग में निवास करती हैं।

रामेश्वरमः रामेश्वरम तमिलनाडू में समुद्र तट पर स्थित है। इसका नामकरण श्री राम के नाम पर किया गया है, जो भगवान विष्णु के सातवें अवतार थे। कहा जाता है कि कुछ ऋषियों ने उन्हें परामर्श दिया कि वे एक लिंग की स्थापना कर उसकी पूजा करें। उन्होंने हनुमान को कैलाश जाकर उनके लिए एक लिंग लाने के लिए कहा। लिंग को स्थापित करने का शुभ मुहूर्त निकट आ रहा था और हनुमान तब तक वापस नहीं लौटे। राम ने सीता से मिट्टी का लिंग बनाने के लिए कहा, जिसे उन्होंने शुभ मुहूर्त में स्थापित कर दिया। तभी हनुमान आ गए। राम ने उन्हें पहले से स्थापित लिंग को निकालकर अपने साथ लाए लिंग को वहां स्थापित करने के लिए कहा। किंतु उसे निकालना तो दूर, हनुमान उसे हिला भी नहीं सके, क्योंकि वह राम और सीता की शक्ति का संयुक्त रूप था। इस प्रकार हनुमान द्वारा लाए गए लिंग को पहले वाले लिंग के पास ही स्थापित कर दिया गया, जो हनुमानदेश्वर नाम

से जाना गया। दूसरी कथा कहती है कि हनुमान विश्वनाथन नामक लिंग को बनारस से लेकर आए थे। यह स्थान दक्षिण के बनारस के रूप में प्रसिद्ध है और दक्षिण भारत के पवित्रतम तीर्थ स्थानों में से एक है। यह देश के सुदूर दक्षिण में स्थित ज्योतिर्लिंग है।

घृष्णेश्वरः घृष्णेश्वर या घुष्मेश्वर महाराष्ट्र में एलोरा के समीप स्थित एक प्राचीन तीर्थ है। इस स्थान से जुड़ी अनेक कथाओं में से एक सुधर्म और सुदेहा नामक निस्संतान दंपती की है। सुदेहा ने अपने पति को अपनी बहन से विवाह करने को राज़ी किया ताकि वह उनके लिए संतान उत्पन्न कर सके। उसकी बहन जिसका नाम घूष्मा था, नित्य प्रति लिंग को विधि-विधान से जल-कुंड में डुबकी लगवाना उसके पूजा-पाठ का हिस्सा था। उसके एक पुत्र था जो बड़ा होकर इतना सुंदर हुआ कि सुदेहा ईर्ष्या से भर उठी और उसने उसे मार कर झील में फेंक दिया। घूष्मा का मातृ-हृदय टुकड़े-टुकड़े हो गया, किंतु उसकी शिव आराधना अनवरत चलती रही। शिव स्वयं जल-कुंड में प्रकट हुए और उन्होंने सुदेहा को मारने का प्रस्ताव रखा। घूष्मा प्रतिशोध नहीं लेना चाहती थी, बल्कि उसने शिव से कहा कि भविष्य में वे इसी स्थान पर निवास करें। शिव ने उसके पुत्र को फिर जीवित कर दिया और इसके बाद इस लिंग का नाम घूष्मेश्वर पड़ा। दूसरी कथा इस तीर्थ का नाम घृष्णेश्वर बताती है। ऐसा कहा जाता है कि प्रातः शृंगार के रूप में पार्वती माथे पर बिंदी लगाने के लिए अपनी बाईं हथेली पर कुंकुम घिसा (घर्षण करना) करती थीं। एक दिन वे ऐसा ही कर रही थीं कि तभी एक लिंग प्रकट हुआ और घृष्णेश्वर के रूप में जाना गया।

शिव-चेतना

शिव चेतना और शिव आराधना स्थानीय अनुकूलताओं और सांस्कृतिक प्रवृत्ति के अनुसार भिन्न-भिन्न रूपों में विकसित हुई है। भारत में शिव आराधना की मुख्य धारा को भौगोलिक क्षेत्र और दार्शनिक व्याख्याओं के माध्यम से विभाजित किया जा सकता है। भौगोलिक आधार पर हम कश्मीर में प्राचीन एवं पूजनीय शैव परंपरा को उसके उच्च दार्शनिक एवं गूढ़ प्रबंध काव्यों और परंपराओं के साथ, सांस्कृतिक रूप से भिन्न लिंगायत पद्धतियों और दक्षिण में शैव-सिद्धांत की भक्तिमय उपासना पद्वतियों को परख सकते हैं। भारतीय संस्कृति के फैलाव के साथ शैव पद्धतियां दक्षिण-पूर्व एशिया, जावा, बाली, इंडो-चायना और कंबोडिया में भी फैलीं।

कश्मीर का शिव-उपासना मत अद्वैतात्मक (एकेश्वरवादी) है और शिव को सर्वोच्च और एकमात्र सत्य के रूप में देखता है, जो प्रत्यभिज्ञ भी कहलाता है। इस संस्कृत शब्द का अर्थ अभिज्ञान (पहचान) है। यह मत जगत को अद्वैतवादी दृष्टि से देखता है।

इसके विपरीत शैव सिद्धांतवाद स्पष्ट द्वैतवाद को स्वीकार करता है। पांचवी से नवीं शताब्दी के मध्य शैव संतों द्वारा रचे गए भजन और भक्ति साहित्य संग्रहीत रूप में 'तिरुमुरै' कहलाते हैं जो इस मत या वाद के दार्शनिक आधारों का निर्माण करते हैं।

कश्मीरी मत की अतिगूढ़ और उच्चकोटि की प्रमुख रचनाएं शिवसूत्र हैं जो वसिगुप्त द्वारा रचित दिव्यकृति है। इसमें और अन्य कृतियों जैसेः क्षेमराज कृत शिवसूत्र विमासिनी (शिव सूत्रों पर विचार), अभिनव गुप्त कृत परमार्थ सार (परम सत्य

का सार) तथा अन्य कई रचनाओं में शिव को जगत के एकमात्र कारण और साधन के रूप में देखा गया है। चित्त, आनंद इच्छा, ज्ञान और क्रिया चेतना, परमसुख, कामना, विज्ञता और कर्म के पांच सिद्धांतों को संघटित करता है। ज्ञान बोध का यह एकत्व उच्च या कर्मकांडी (आनुष्ठानिक) ब्राह्मणवादी शैववाद का अंग है।

शैव-सिद्धांत विचारधारा अपने स्रोतों के चिरस्थायी रूप के लिए जग प्रसिद्ध है। ये स्रोत अगम रूप में भी जाने जाते हैं, जिसमें शिवकार्य के पद्य जैसेः 'शिव ज्ञान सिद्धियार' (शिव ज्ञान की प्राप्ति), वेदांत सूत्र पर श्रीकांत की टीका और अप्पय दीक्षित की टीका सम्मिलित हैं। इस विचारधारा के छत्तीस तत्व या सिद्धांत पांच मूल सिद्धांतों में विभाजित हैं, जिसमें शिव तत्व, शक्ति सदाशिव ईश्वर और शुद्ध विद्या सम्मिलित हैं।

लिंगायत या शैववाद की वीरशैव शाखा कन्नड़ वचनों (प्रेरणादायी पद्य) से प्रेरणा प्राप्त करती है। बारहवीं शताब्दी में बासव या बासवन्ना नामक संत हुए, जिन्होंने उस समय की कठोर कर्मकांडी ब्राह्मणवादी पद्धतियों का बहिष्कार करते हुए सहजानुभूति के माध्यम से ईश्वर के प्रति समर्पण के भक्ति आंदोलन की नींव रखी। वेदों की परम सत्ता का बहिष्कार करते हुए मानवतावादी और समाज के उदारवादी दृष्टिकोण को अपनाते हुए लिंगायत संतों ने शिव के वास्तविक स्वरूप के विषय में अनेक मर्मस्पर्शी पद्यों की रचना की। उच्च जाति के पुरुषों द्वारा पहने जाने वाले जनेऊ का बहिष्कार करते हुए लिंगायत समाज के लोग स्त्री और पुरुष दोनों अपने समर्पण और धार्मिक जुड़ाव को दर्शाने के लिए शिव लिंग के प्रतीक स्वरुप गले में धागे से बंधा छोटा सा लिंग पहनते हैं

शैव चिंतन की ये सभी धाराएं (मत, सिद्धांतवाद) घटते-बढ़ते अंशों में रुढ़िवादी और परंपरागत हैं, किंतु जिन लोकाचारों को यह सहेजे हुए है वे वामपंथियों या वाम मार्ग के अनुयायियों से बिल्कुल भिन्न है। यह वाममार्गी तांत्रिका पद्धतियां आंतरिक आनंद और ज्ञान को प्राप्त करने के लिए व्यक्ति की आंतरिक शक्ति का अनुसरण करती हैं। तंत्र शामानी धर्म के प्रभावों प्राचीन तिब्बतीय धर्म बॉन पॉ और वैदिक तथा उत्तर वैदिक साहित्यों से ग्रहण की गई, गुप्त मायावी (ऐंद्रजालिक) पद्धतियों का मिला-जुला रूप है। तंत्र समानांतर प्रेतलोक को प्रसन्न करके वास्तविकता को समझने और प्रभावित करने का प्रयास करता है। शिव उपासना के कुछ गुप्त पहलू तांत्रिक शक्तियों का अनुष्ठानों और क्रियाओं के माध्यम से सक्रिय रूप में आह्वान करते हैं, जो इससे अनभिज्ञ लोगों को हैरान और परेशान कर सकते है।

तंत्रवाद (शिव-शक्ति की पूजा एवं अभिचार आदि का विधान करने वाला शास्त्र) का धर्मशास्त्रीय आधार यह मानता है कि परम सत्य के दो मुख्य पहलू हैः एक पुरुष शक्ति का साकार रूप शिव दुसरा स्त्री तेज का साकार रूप शक्ति। ये शिव शक्ति भक्त के भौतिक शरीर में विलीन होकर अभिव्यक्ति को प्राप्त होती है। मानव शरीर में स्थित कुंडलिनी (मेरुदंड के मूल में सर्पाकार रूप में लिपटी हुई ऊर्जा) में ऊर्जा का मूलाधार है। कुछ विशिष्ट और रहस्यात्मक शारीरिक, लैंगिक और योग क्रियाओं के माध्यम से कुंडलिनी को चक्रों (योग में शरीर अंतस्थान) में से या जब तक यह अतींद्रिय संवेदी तंत्रिका केंद्र सहस्त्र चक्र से संयुक्त हो जाए, इसे ऊपर की ओर उठाया

जा सकता है। सहस्त्र चक्र का वर्णन सहस्त्रार कमल (हज़ार पखुंड़ियों वाला कमल) के रूप में किया गया है, जो मानव कपाल में स्थित है। जगत के परमानंद एकत्व का बोध ही इन तांत्रिक शिव भक्तों का एकमात्र लक्ष्य और ध्येय है।

कानों में बड़ी-बड़ी बालियां पहने अलग से ही पहचाने जाने वाले कनफट योगी बड़े पैमाने पर प्रचलित और सक्रिय उपासना पद्धति रहस्यवाद के प्रवर्तक बाबा गोरखनाथ के अनुयायी हैं। यह पद्धति प्रचलित धर्मतंत्रीय उपासना पद्धतियों से वास्तविकता के ऐच्छिक विचार ग्रहण करती है। कनफट योगी व अन्य तांत्रिका सामाजिक व्यवस्था की भ्रामक परिधि से परे ज्ञान को खोजते हैं। स्वयं भगवान शिव की भांति वे 'बाहरी व्यक्ति' हैं जो जगत प्रकृति और वास्तविकता के विरोधी और विरोधाभासी रूपों का गहन और पूर्ण अवलोकन करते हुए लोकातीत और परमज्ञान की प्रबल वैयक्तिक उपलब्धि से आगे निकल जाते हैं। गोरखपंथी या नागपंथी रहस्यवाद, जादू-टोनों, हठयोग और कीमियागरी (रसायन विद्या) के तत्वों को भावप्रवण वैयक्तिक पद्धति में समाविष्ट करते हैं जो पूर्ण और दृढ़ विरक्ति के माध्यम से शिवत्व को खोजती है। कापालिक और कालमुख पद्धति की भांति गोरखनाथी भी मूल पाशुपत पद्धति से ही प्रेरणा लेते हैं। हाथ में भिक्षापात्र के रूप में ब्रह्म का कपाल थामे शिव के कापालिक स्वरूप के उपासक कापालिक और कालमुखी (काले मुख वाले) दोनों ही तांत्रिक क्रियाओं के पांच महाव्रतों को मानने वाले महाव्रती हैं। ब्राह्मणवादी गुणों संयम, ब्रह्मचर्य व अन्य गुणों के विपरीत वामपंथी अति के मार्ग का अनुसरण करते हैं। उनका मदिरा, मत्स्य, मांस, मैथुन और मुद्रा

का समर्थन करने वाला पंथ शिव की स्थिति को प्राप्त करने के लिए शरीर और शारीरिक भोगों को प्रयोग करता है। गूढ़ अर्थ में मदिरा या शराब को अग्नि तत्व समझा जाता है। मत्स्य या मछली जल का प्रतीक है, वायु तत्व है। मैथुन या संभोग वायु तत्व के समान ही गूढ़ अर्थ रखता है, जबकि मुद्रा (मुख, हाथ, गर्दन आदि की विशेष भाव सूचक स्थिति) पृथ्वी का प्रतीक है।

पांचवी और छठी शताब्दी में हिंदू साम्राज्य का प्रभाव व्यापार मार्गों और ब्राह्मण पुजारियों की धर्म प्रचार यात्राओं के ज़रिए पूर्व में फैला। इंडोनेशिया जैसे देशों, जहां पहले से ही पृथ्वी तत्व और शामानी धार्मिक पद्धतियों, विशेषकर शव-संस्कारों और मृतकों की पूजा-उपासना से जुड़ी पद्धतियों के प्रति आदर भाव था, ने धर्म का प्रचार कर रहे ब्राह्मणों और आचार्यों की बातों (उपदेशों) को सहज ही स्वीकार कर लिया। दक्षिण-पूर्व एशिया के एक बड़े भाग में प्रचलित धार्मिक रीति-रिवाजों में शैव विधानों और पूजा-उपासना पद्धतियों को संस्कृत धमदिशों तथा शिवलिंग की पूजा-उपासना के साथ सम्मिलित कर लिया गया, जो सुदूर पूर्व में शिव उपासना के प्रसार के साक्षी माने जाते हैं। जावा साम्राज्य ने भी राजा कीर्तनागर (1268-92) और अंग्रोक जैसे राज-तपस्वियों को शिव का अवतार मानते हुए शिव उपासना की तांत्रिक पद्धतियों को देशज रूप में अंगीकार कर लिया।

सत्यम् शिवम् सुंदरम्

शिव सत्य, अज्ञेयता और सौंदर्य के सार 'सत्यम् शिवम् सुंदरम्' का साकार रूप हैं। शिव से जुड़ी कलाओं, प्रतिमाओं और चित्र कलाओं में एक अनूठी सादगी और भव्यता है जो इसे शेष सभी हिंदू देवी-देवताओं से जुड़ी आलंकारिक शैलियों से विशिष्ट बनाती है।

कंबोडिया के अंगकोर वाट परिसर में संभवतः 880 ईस्वी में निर्मित प्राचीन मंदिर में पवित्र शिवलिंग को समर्पित एक मुख्य शिव प्रांगण है। ब्रेनई स्रई के एक अन्य समकालीन मंदिर में शिव की बलुआ पत्थर की एक विशालकाय प्रतिमा है, जिसमें उनकी पत्नी उमा पार्वती उनके बगल में हैं। जावा के पठारों में दिजेंग पठार गंधक के झरनों और झीलों से भरा से ज्वालामुखी, निर्जन स्थानीय भू-प्रदेश, वहां के स्थानीय भक्तों को सहानुभूतिपूर्वक अपने प्रिय देव शिव के विस्मयकारी और भयकारी सौंदर्य से मेल खाता प्रतीत होता है। वैदिक जगत के केंद्र और भगवान शिव के निवास स्थान (कैलाश पर्वत और मंदराचल पर्वत सहित) के रूप में मेरू पर्वत इस ब्रह्मांड-दर्शन में निहित मूलभाव स्वरूप एक विशिष्ट स्तंभ है।

शिव से संबंधित कदाचित सबसे प्रसिद्ध और पूज्य चिदंबरम मदिर दक्षिण-पूर्व भारत के तमिलनाडू में हैं। यह मंदिर शिव के दिव्य नर्तक रूप नटराज को समर्पित है और यहां प्राचीन चोल साम्राज्य काल की कांसे की प्रतिमाएं हैं, जिनमें से कुछ दूसरी शताब्दी की हैं, अग्नि शिखाओं के मध्य नृत्य करते, अपनी बाईं हथेली को अभय प्रदान करती हुई मुद्रा में ऊपर उठाए नटराज की छवि भारतीय प्रतिमा काल के अनोखे

और चिरस्थायी प्रतीकों में से एक है, जिसने लगभग धर्मवैधानिक प्रतिष्ठा प्राप्त कर ली है। कहते हैं महानृत्य, आनंद-तांडव या देवी-नृत्य सबसे पहले चिदंबरम में ही हुआ था, जहां शिव की महिमा और कृपा विलक्षण रूप में व्याप्त है। चिदंबरम में शिव की संगिनी शिवकामसुंदरी हैं जिसका अर्थ 'कामना का सौंदर्य के रूप में लगाया जाता है। यह उनकी शक्ति का साकार रूप है अर्थात शिव में निहित समस्त मूल सत्य का सक्रिय रूप। अग्नि-शिखा के प्रभामंडल से घिरे हुए चतुर्भुज शिव अपने एक हाथ में सृजन का प्रतीक डमरू थामे हुए हैं और दूसरा हाथ हल्का सा झुका हुआ, भ्रमों और अज्ञानता से मुक्ति प्रदान करने वाले उनके चरण स्थान की ओर संकेत करता है। नृत्य के समय शिव का उठा हुआ बायां पैर अपने भक्तों को आशीर्वाद प्रदान करता है। इस आध्यात्मिक नर्तक की यही छवि इस विषय पर रचे जाने वाले पावन काव्य था मूल भाव बन जाती है।

शिव की इस छवि पर 1912 ई. में लिखे अपने उत्कृष्ट निबंध में ए.के. कुमारस्वामी नटराज के रूप का उल्लेख 'किसी भी धर्म में ईश्वर के कृत्य का सर्वाधिक स्पष्ट प्रदर्शन परस्पर विरोधी के रूप में करते है। महायोगी शिव के रहस्य का उनकी भयकारी और सुंदर छवियों में समाहित होना ही इन छवियों के सौंदर्य का सार हैं। एक ही समय में अस्थिरता और व्यग्रता, संत्रास और करुणा जैसे इन विरोधाभासों के आदर्श सामंजस्य के सौंदर्यबोध का आकर्षण शिव की अभिव्यक्ति का मर्म है। इन अधिकांश प्रमुख और चिरस्थायी दर्शनिक छवियों में निहित

विधिवत मूर्तिकला से संबंधित सिद्धांत अपने प्रत्येक विवरण में दरअसल इतने जटिल और प्रतीकात्मक हैं कि ये समूचे हिंदू दर्शन के अनकहे रहस्यों की एकीकृत छवि प्रस्तुत करते हैं।

अजंता और एलोरा के गुफा मंदिर की विशाल पत्थर प्रतिमाओं की कल्पना व्यापक स्तर पर की गई थी और ये दृढ़ संकल्प के साथ विशालकाय और भय उत्पन्न कर देने वाली चट्टानों के ऊपर उकेरी गई थीं। एलीफ़ेंटा की मुख्य प्रतिमा परिपक्व और आत्म-विश्लेषण परक मूर्तिकला संबंधी परंपराओं का शानदार उदाहरण है। विशाल आकार और गहन गंभीर रूप में उत्कीर्ण तीन सिरों में तीन प्रत्यक्ष मुखों को समन्वित करती हुई यह प्रतिमा शिव के ब्रह्म स्वरूप को दर्शाती है। स्टैला क्रैमरिच शिव पर लिखी अपनी मौलिक पुस्तक में इसका मर्मस्पर्शी वर्णन करती हैं। वे कहती है कि ऐलीफ़ेंटा में सदाशिव की प्रतिमा पंचमुख लिंग सी जान पड़ती है। तत्पुरुष महादेव के सामने वाले मुख के पीछे स्थित चौथे मुख को देखा नहीं जा सकता, क्योंकि प्रतिमा को गुफा मंदिर की दक्षिणी सीमा पर स्थित चट्टान पर उकेरा गया है। भक्तों को इस प्रतिमा के चौड़े आवक्ष और आधार से उदीयमान तीन सिर ही दिखाई देते हैं। पांचवां मुख नश्वर लोगों की दृष्टि से परे ज्ञानातीत है और इसीलिए उसे उकेरा नहीं गया है।

अधिकांश शिव मंदिरों के गर्भ गृह में ऐसे मानवारोपी प्रतीकों को शुभ नहीं माना जाता है और वे परम गूढ़ार्थ के प्रतीक लिंग शिवलिंग को स्थापित करके ही ख़ुश रहते हैं। एक मामूली सा पत्थर भी विधिवत पूजा-उपासना के माध्यम से उन्नत होकर शिव के स्वरूप को प्राप्त हो इससे जुड़े सौंदर्य,

वैभव और भयकारी स्वरूप को पा लेता हैं। जो हर स्थिति में अपने मूल आत्मस्वरूप में निहित है—क्योंकि इस जगत में सब कुछ शिवमय है।

यह याद रखना बहुत जरूरी है कि हिंदू सौंदर्य शास्त्र व्यवस्था में दृश्य, रूपंकर और कौतुक कलाएं (संगीत, नृत्य और नाटक आदि) सदा उनके पवित्र रूपों में पूर्णतया एकीकृत थीं। शिव की ये छवियां पत्थर या कांसे की गतिहीन प्रतिमाएं भर नहीं थीं, बल्कि ये नृत्य, काव्य और साहित्य में जीवंत हो कर ठीक उसी सौंदर्य बोध का आभास कराती थीं। कवि, कलावंत, मूर्तिकार और नर्तक, जिन्होंने स्वयं को शिव की इन लीलाओं को दर्शाने के लिए पूरी तरह समर्पित करके पूर्ण तल्लीनता के साथ यह कार्य किया, उन्होंने स्वयं को परिष्कृत किया और एक प्रकार से शिवमय हो गए।

ताल, लय और अध्यात्म की गहरी समझ शिव रहस्य के अनिवार्य अवयव थे। डमरू दिव्य नर्तक स्वरूप शिव के प्रतीकों में से एक है। कई प्राच्य धर्म घनघोर नाद उत्पन्न करने या उसका अनुकरण करने के लिए डमरू (या इसी प्रकार के किसी अन्य वाद्य) का प्रयोग करते हैं और ताल भावप्रवण आध्यात्मिक संवाद के लिए प्रायः सहायक होती है। इस दृष्टि से डमरू प्रायः पवित्र संस्कारों एवं यज्ञों से जुड़ा पूजा-उपासना या धार्मिक अनुष्ठानों में प्रयुक्त होने वाला वाद्य है। शिव नर्तक के रूप में स्व को जाग्रत और उद्‌बुद्ध करने के लिए डमरू से नाद उत्पन्न करते हैं।

शास्त्रीय और लोक दोनों साहित्यिक परंपराएं शिव से जुडी जनश्रुतियों में भी हमेशा पसंद की गई हैं। ई.पू. तीसरी शताब्दी

में उत्कृष्ट संस्कृत शैली में लिखा गया कालिदास का महाकाव्य 'कुमार संभव' परम सुंदरी पार्वती द्वारा शिव का ध्यान भंग करने, उनके विवाह और देवता स्कंद (कार्तिक) के जन्म आदि के कथा-क्रम का आठ सर्गों में वर्णन करता है। स्वयं भगवान शिव का अवतार समझे जाने वाले आदिगुरु शंकराचार्य द्वारा भी कुछ महानतम और उच्च कोटि के शिव स्त्रोतों की रचना की गई है। हिंदू धर्मनिष्ठ परंपरा का मुख्य आधार इन्हीं साहित्यों पर टिका हुआ है। भगवान शिव की संकल्पना और समग्रता में सादगी एवं अति भावुकता से ओत-प्रोत नयानार संतों के हृदयस्पर्शी और भक्तिपूर्ण पद उनकी विलक्षण प्रतिभा को दर्शाते हैं। बारहवीं शताब्दी में उनके द्वारा महान शैव संतों के जीवन वृत्त पर आधारित महाकाव्य शैली में 'पेरियपुराणम्' भी लिखा गया।

वीरशैव संतों के वचनों ने शिव को देवता के रूप में मानवीयकृत करके संतों जैसा ही काम किया और अत्यधिक कठोर ब्राह्मण तंत्र में सामाजिक सुधार का अनुकूल वातावरण तैयार किया। तेरहवीं शताब्दी में पाल कुरुकी नामक एक तेलुगू कवि थे जिन्होंने तमिल, कन्नड़, मराठी, संस्कृत और तेलुगू भाषाओं के भक्तिपूर्ण श्लोकों (पदो-छंदों) से युक्त एक बहुभाषी ग्रंथ 'व्रशाधीप सत्कम' लिखा, जिसने भक्ति आंदोलन को अखिल भारतीय मंच प्रदान किया।

प्रसिद्ध कलात्मक क्रिया-कलापों के माध्यम से शिव आख्यानों की सतत और नित नई व्याख्याओं ने महन ईश्वर को भारत वासियों के मन और मस्तिष्क में जीवंत रखा है। कैलेंडरों में, फ़िल्मी गीतों में, लोक धुनों में, शिव भारत में सर्वत्र हैं। रॉबेर्त्तो

कलासो कहते हैं "पौणिक मिथकों के पात्र कई जीवन जीते हैं, कई मौतें मरते हैं... प्रत्येक जीवन और मृत्यु अन्य सभी (मृत्यु और जीवन) में विद्यमान होते हैं और हम उनकी अनुगूंज सुन सकते हैं। जैसे ही हम शिव की नित्य वास्तविकता को उनके अगले और पिछले क्षणों में, विविध रूपों में और प्रायः परस्पर विरोधी व्याख्याओं में खोजते हैं, वैसे ही हम शिव की सजीव आस्था में नए प्राण फूंक देते हैं। वह जो शब्दों और नामों से परे है, बुद्धि से परे है, हम केवल पूर्ण समर्पण और अपने अस्तित्व को मिटाकर समग्र और विस्मयकारी क्षणों में उसकी एक झलक ही पा सकते हैं।

शिव-गीत

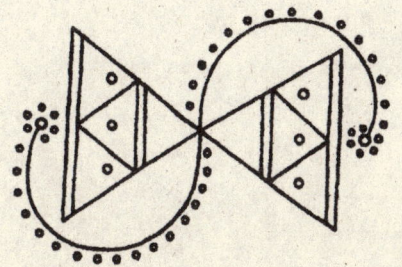

धनी
बनावेंगे शिव मंदिर,
मैं
निर्धन क्या,
बनवाऊंगा?
पांव मेरे स्तंभ हैं,
काया है मंदिर भवन,
सिर है,
सोने का छाजन
सरित संगम के देव सुनो
गिर जाएंगे सारे मंदिर, किंतु
सदा रहेगा तन मंदिर

बासवन्ना (*'स्पीकिंग ऑफ़ शिव'* से
ए.के.रामानुजन द्वारा अनूदित)

उस मन हर से है प्रीत मुझे
मरण नहीं, क्षरण नहीं,
न जिसका कोई रूप
पद या छोर नहीं कोई,
अंत नहीं, न जन्म लद्दन
सुनो हे मात, है उनसे प्रीत मुझे

उस सुंदरतम से है प्रीत मुझे
जो बंधन मुक्त, भय मुक्त है
जिसकी न जागीर है, न जायदाद

कोई चिन्ह भी
जिसके सौंदर्य का नहीं
वे जूही के फूल सरीखे श्वेत, मेरे ईश, मेरे कंत हैं
इन मरने वाले नाशवान कंतों को ले जाओ
और झोंक दो
अपने चूल्हे की अगन में

महादेवीयक्का ('स्पीकिंग ऑफ़ शिव' से,
ए.के. रामानुजन द्वारा अनूदित)

संदर्भ स्रोत

ऑल्विन, रेमंड एंड ब्रिजेट *द बर्थ ऑफ़ इंडियन सिविलिज़ेशनः इंडिया एंड पाकिस्तान बिफ़ोर 500 बीसी,* पेंगुइन बुक्स।

एटकिंसन, एडिवन टी. *रिलीजन इन द हिमालयाज़,* कॉस्मो पब्लिकेशंस।

भट्टाचार्जी, सुकुमारी, *द इंडियन थियोगॉनीः ब्रह्मा, विष्णु एंड शिवा,* पेंगुइन बुक्स।

रॉबेर्त्तो कलासो *द मैरिज ऑफ़ कैडमस एंड हारमनी/*रैन्डम हाउस।

कापरा, फ़्रित्ज़ॉफ़ *द ताओ ऑफ़ फ़िज़िक्सः एन एक्सप्लोरेशन ऑफ द पैरेलल्स बिटवीन मॉडर्न फ़िज़िक्स एंड ईस्टर्न मिस्टिसिज़्म,* फोंटना।

चट्टोपाध्याय, डी.पी. *लोकायतः अ स्टडी इन एन्शिएंट इंडियन मेटीरियलिज़्म,* पीपुल्स पब्लिशिंग हाउस।

चौधरी, नीरद सी. *हिंदुइज़्मः अ रिलीजन टु लिव बाई,* बी. आई. पब्लिकेशन।

चिटूगोपेकर, नीलिमा. *एनकरेजिंग शैविज़्मः द डेइटी, द मिलियू, द एनटुरेज,* मुंशीराम मनोहरलाल पब्लिशर्स।

कुमारस्वामी, आनंद केंटिश *द डांस ऑफ़ शिवाः ऐसेज़ ऑन इंडियन आर्ट एंड कल्चर,* नूनडेज़ प्रैस।

डुबोइस, एबे जे.ए. *हिंदू मैनर्स, कस्टम्स एंड सैरेमनीज़,* एशियन एज्युकेशनल सर्विसेज़।

इलियड, मिर्सिआ. *शैमनिज़्मः आर्केइक टैक्निक्स ऑफ़ एक्सटेसी,* अर्कना।

गुप्ता, शक्ति एम. *शिवा,* सोमैया पब्लिकेशंस।

क्रैमरिश, स्टेला *द प्रेज़ेंस ऑफ़ शिवा,* मोतीलाल बनारसीदास।

लाल, लक्ष्मी *शिवाः आइ ऑफ़ द स्टॉर्म,* आइ.बी.एच. पब्लिशर्स।

द माइंड ऑफ़ इंडिया, विलियम गर्वर द्वारा संपादित, सदर्न इलिनॉइस यूनिवर्सिटी प्रैस।

ओ'फ्लैहर्टी, वैंडी डोनाइज़र *एसेटिज़्म एंड इरोटिसिज़्म इन द माइथोलॉजी ऑफ़ शिवा,* ऑक्सफोर्ड यूनिवर्सिटी प्रैस।

पांडे, राजबली *हिंदू संस्काराज़ः अ सोशियो-रिलीजस स्टडी ऑफ़ द हिंदू सैक्रामेंट्स,* मोतीलाल बनारसीदास।

पट्टनाइक, देवदत्त *शिवाः एन इंट्रोडक्शन,* वकील्स, फ़ैफ़र एंड साइमन्स लिमिटेड।

राधाकृष्णन, एस. *इंडियन फ़िलॉसफ़ी,* 2 वॉल्यूम, ऑक्सफोर्ड यूनिवर्सिटी प्रैस।

द ऋग्वेदः एन एंथोलॉजी—वन हंड्रेड एंड एट हाइम्स, ओ'फ्लैहर्टी और वैंडी डोनाइज़र द्वारा संपादित, अनूदित और टीका, पेंगुइन बुक्स।

सिंह, जयदेव *शिव सूत्राज़ः द योगा ऑफ़ सुप्रीम आइडेंटिटी,* मोतीलाल बनारसीदास।

स्मिथ, डेविड *द डांस ऑफ़ शिवाः रिलीजन, आर्ट एंड पोएट्री इन साउथ इंडिया,* कैंब्रिज यूनिविर्सिटी प्रैस।

स्पीकिंग ऑफ़ शिवा, ए.के. रामानुजन द्वारा अनूदित, पेंगुइन बुक्स।

स्टाओल, फ्रिट्स *रिचुअल एंड मंत्राज़ः रूल्स विदाउट मीनिंग,* मोतीलाल बनारसीदास।